东麒讲坛

格力集团销售精英培训班

美的制冷中国事业本部训练营

南山地产培训讲座

泰源化妆品有限公司授课现场

为平顶山市百名企业家作培训

清华大学总裁班授课现场

新郑机场千人培训会场

销售团队这样带

臧其超 著

北京联合出版公司
Beijing United Publishing Co.,Ltd.

图书在版编目（CIP）数据

销售团队这样带：修订升级版 / 臧其超著 .—北京：北京联合出版公司，2015.12（2022.3重印）

ISBN 978-7-5502-6144-0

Ⅰ.①销… Ⅱ.①臧… Ⅲ.①企业管理－销售管理 Ⅳ.① F274

中国版本图书馆 CIP 数据核字 (2015) 第228904号

销售团队这样带（修订升级版）

作　　者：臧其超
出 品 人：赵红仕
选题策划：北京时代光华图书有限公司
责任编辑：牛炜征
特约编辑：李艳玲
封面设计：新艺书文化
版式设计：曾　放

北京联合出版公司出版
（北京市西城区德外大街83号楼9层　　100088）
北京时代光华图书有限公司发行
北京雁林吉兆印刷有限公司印刷　　新华书店经销
字数121千字　　787毫米 ×1092毫米　　1/16　　12.75印张
2015年12月第1版　　2022年3月第11次印刷
ISBN　978-7-5502-6144-0
定价：49.00元

前言
FOREWORD

有人说销售人才是企业的“金山”，也有人用“三分天下有其二”来形容销售团队的重要性。这都说明了销售团队是公司获取利润的直接途径。

然而，这个团队流动性非常大，如何使自己的销售团队拥有旺盛的战斗力，如何留住销售精英，是很多企业一直想解决的问题。

越来越多的企业产生了以下疑惑：

为什么销售培训总是没有效果？

为什么销售总额逐年增高，而利润却越来越低？

为什么年底的销售总额与年初的计划相去甚远？

优秀的销售人员为什么那么难招？

跳槽的销售人员为什么可以轻易地带走客户？

……

优秀的销售团队是公司销售业绩的重要保障，销售人员有如足球场上破门得分的射手一样，是最终促成交易、实现项目销售的一线战士。那么，我们应该如何让销售团队步调一致、默契配合、真诚团结，以至能实现最终的业绩目标呢？其实，销售团队的建设与管理是关键。

狼性销售团队的建设与管理，从管理学抽象的“计划、组织、选拔、指导、控制”，到工作中组建团队、宣扬使命感、消除遇到的障碍、听取各方面反馈、维护团队的稳定、保持正确的判断、养成乐观的态度，再具体至销售任务的分配、行业划分、客户经理和工程师的搭配、每周每月每季的业务回顾、销售业绩预测管理等，都有章可循，有书可查。纲举目张，狼性销售团队的管理关键在人的管理，尤其是如何培养和引导每一个狼性销售人员发挥出最大的战斗力。

销售经理管理销售团队，要站得高，看得远，必须要严格要求销售人员；销售人员也要转换思想，培养自信心，要经得起挫折，请记住：不经历风雨，怎能见彩虹！并且以我多年的培训研究经验可以总结出：企业的机制和文化是打造狼性销售团队的核心，只有建设好机制和文化，才能发展团队，取得最终的成功。

总之，销售团队要具备狼性，要带着狼性这把剑上战场，这样才能发挥战斗力，才能在激烈的市场战争中获胜！

目 录
CONTENTS

CHAPTER 3

狼性销售团队如何开展工作

CHAPTER 4 如何管理狼性销售团队

CHAPTER 1

如何才能成为狼性销售团队的头狼

狼群中，会有一头处于领导地位的狼，它统领整个狼群的行动，那就是头狼。而销售团队中，也要有一个团队领导，这个领导要整合团队关系，指挥团体作战，需要具备一定的耐心、战略眼光以及协调能力，如头狼一般带领销售团队。要想成为狼性销售团队的领导者，必须避开管理误区，找准自身角色定位，明确团队管理原则。

头狼需要避免的管理误区

狼性销售团队，指的是企业借鉴狼性文化而打造的销售团队。

狼性销售团队必须有一头处于领导地位的头狼，统领整个狼群的行动，还要有一群具有战斗力的成员，使得整个团队像狼群一样，积极进取、果敢拼搏、永不言弃。

销售团队的管理者常常出现以下几种常见的管理误区，狼性销售团队的领导者，要注意避免犯同样的错误。

1. 感觉错位，把自己当成销售人员

有些销售经理虽然处在经理的位置，但脑子里始终有一个意识：时刻准备冲锋陷阵，凡事都亲力亲为。这样的销售

经理，其实就是把自己作为销售人员时的一些感觉带到了管理岗位上。

销售人员和销售经理是不一样的。销售人员要做的工作，是搞定客户、拿下订单、超越对手、冲锋陷阵；销售经理的工作要以统筹为主，要让队员们亲自感受到拿下订单、攻城略地的成就感，而非自己冲锋陷阵。

表 1-1 从几个方面列举了销售人员与销售经理的工作区别。

表 1-1　销售人员与销售经理的工作差别

职位	首要任务	工作途径	角色	工作范围
销售人员	开发客户	通过自身	选手、队员	拜访、销售、服务
销售经理	开发销售团队	通过员工	教练、管家	决策、计划、组织、领导、评估、控制

某些销售经理常常感觉错位，因为他们以前是普通销售人员，而现在被提拔为经理，但人有惯性思维，虽然坐在了经理的位子上，思维却还停留在普通销售人员阶段。这种错位是最可怕的。

举个例子，在某些企业中，我们经常能看到有这样一种销售经理：自己动不动就提着包去拜访客户、推销产品、讨价还价，他们喜欢上战场、挑战客户的感觉，只有这样做，他们才会感觉到高兴。这样的销售经理，完全忘记了自己现在处于管理层，已经不是基层的销售人员了，他们不清楚自己已经陷入了一个巨大的误区。

除此之外，还有一种销售经理，他们已经意识到了这点，但因为这是他们长期以来形成的思维习惯，所以很难改变。

以下是一则关于巴西球员的故事。

有一天，一栋大楼失火了，一个妈妈抱着小孩站在大楼上，喊着救命。由于火势太大，她上也上不去，下也下不来，只能在楼梯口呼唤救援人员。

这时，一位巴西足球守门员跑了过去，对着楼上大喊:“女士,把孩子扔下来给我！我保证能把他接住！”

这个妈妈认出他是当地一位非常有名的守门员。他很厉害，能接住速度飞快的足球，所以接这个小孩应该也没问题。

所以这个妈妈就放心地说:“那你要小心，我抛了！”说完她就把孩子抛了下来。

这个守门员没有让大家失望，他一个箭步冲过去，伸出双手，“啪”的一声，稳稳当当地接住了孩子。周围的人都忍不住为他鼓掌。

但是接下来发生的事情令人啼笑皆非，周围的掌声还没停，这位守门员就顺势把孩子往空中一抛，“啪”，一脚踢了出去。周围的人都傻了。

为什么这个守门员会把已经接住的小孩再一脚踢飞？就是因为他具有习惯性思维。平时守门员的工作就是接住飞来的足球，然后踢出去，所以当这个守门员接住一个东西时，他的习惯性思维就导致了他做出后续的动作：踢出去。不仅是守门员，每一个人，甚至每一种动物都会受到习惯性思维的影响，这是很难改变的。

有这样一则寓言。

有一只猴子被车轧死了，它死后跑到上帝那里，对上帝说：“上帝，你不公平！我这么年轻，你就让我死了，你要补偿我！”

上帝怜悯它，就说：“好吧，为了补偿你的损失，我让你变成人的模样。”

于是猴子以人的模样重生了。

但是这只猴子变成了人之后，却摆脱不了猴子的习性，看到树就想往上爬。

所以说，他的脑子还停留在猴子阶段，而忘记自己已经是一个真正意义上的人了。

80% ~ 90% 的销售经理都犯过类似的错误。当公司派下来一个项目时，某些销售经理会异常兴奋，认为这是对自己的一个挑战，摩拳擦掌，一副随时要上战场的样子。其实这不是销售经理应该有的反应。

一个优秀的销售经理，遇到大项目时，首先要考虑如何安排人员，如何制订战术，然后派出销售人员上前线，自己在后方观察战况，掌握局势变化。销售经理要明白一点：自己已不再是当年前线的小兵，而是后方指挥的将领，必须将自身的观念扭转过来，摆正自己的位置。

2. 个人能力强，领导力很差

销售经理要考核的不应是个人的业绩，而是领导力。所以说，销售经理应该成为一个局势的掌控者，而非一个亲身参与者。这一点销售经理应该注意。

销售经理亲力亲为，就是因为他们做销售人员时，业绩遥遥领先，所以养成了“凡事不能没有我”的思维习惯。当其做管理时，总是觉得下属做得不到位，认为自己苦口婆心地教导，下属却根本学不会，有一种“恨铁不成钢”的感觉。

慢慢地销售经理不相信自己的下属，不敢放手让下属独立完成工作。事实上，如果销售经理事必躬亲，不但不能达到其预想中的效果，反而会使事情变得很糟糕，并且下属也没有机会得到锻炼，这对销售团队的成长非常不利。

在这里我不得不提一个人，就是诸葛亮。诸葛亮号称“智慧的化身”，但是他的领导力其实并不高明，而且他的领导风格也不为世人所推崇。原因是什么？下面我们来探讨一下。

诸葛亮有才华，这是毋庸置疑的，但是他为人专制，不善听取意见，不能知人善任、任人唯贤。

诸葛亮的管理其实是“能人管理”。能人管理非常可怕，俗话说“强将手下无弱兵”，但是我认为“能人手下多无能”，能人不一定就可以聚集有才干的人。如果有人在诸葛亮面前谈论天文，正说得起劲，诸葛亮会摆摆手说：“你说的这些我都懂。”那么这个人就会非常失望。像这样的人无法在诸葛亮那里找到自己存在的价值，认为继续待在蜀国没有意义，还不如回老家种地，于是纷纷离开。久而久之，就出现了“蜀国无大将，廖化做先锋”的局面。

强人和能人不能混为一谈，强人能文能武，是有“能”而强。即强人具备优秀的能力，有管理的才能，并且在事业上有杰出的表现，能够管理好下属。而能人往往是自身的能力很出众，管理别人却不在行。诸葛亮是能人，但却缺乏领导力，没有管理的才能，更将人的品德和才能混为一谈，不能很好地“用人”。

诸葛亮是如何用兵的呢？“刘大将军，请你出马，看我的小旗子往哪边挥，你就往哪边打。听懂了吗？我如果……你撒腿就跑。”最后诸葛亮还不相信人家，在将军临走之前给了他三个锦囊，告诉他不到困难时不能打开第一个，不到万不得已不能打开第二个，只要不是刀压在脖子上，绝对不能打开第三个。这其实也是诸葛亮不信任部下的一种表现，认为别人只有按照自己的安排去做才是对的。

人才是需要锻炼的，但是诸葛亮没有意识到这一点。《三国志·诸葛亮传》中有这样的论述：“政事无巨细，咸决于亮。”诸葛亮凡事都喜欢亲力亲为，不仅导致自己身体累垮了，还使得手下的人才没有展现才能的机会。不得不说，诸葛亮的锦囊妙计令人称绝，令人折服。但是另一方面，这会导致每一员大将都唯命是从，最后，只能培养出一群从来不动脑子的人。这也是缺乏领导力的必然结果。

提升领导力首先要学会授权，到底怎么授权呢？如果单纯地按照理论来讲，是很难说清楚的，大家也不容易理解。就算理解了理论，真正操作起来，还需要把握一个“度”的问题。并且很多人讲授权，往往是一刀切，搞完美主义，但真正在公司中操作，需要逐步推进，慢慢落实。

我认为授权是分阶段的，第一阶段是“做”经理，第二阶段是“坐”经理，第三阶段是“作”经理。这三个字读音一样，但是字形有差异，所要从事的工作也不同。

销售经理在刚开始打拼、只有两三个下属时，不要时刻把自己塑造成领导的样子。这时的销售经理,仅仅是个“大业务员”，必须和下属一起奋斗。在这个阶段，销售经理要亲力亲为，并且做事情要带头表率，为下属塑造一个好的榜样。所以说，第一阶段的销售经理必须“做”经理，即要亲自做事的经理。

臧老师语录：

销售经理第一阶段要“做”经理，第二阶段要“坐”经理，第三阶段要“作”经理。

而当销售经理已经有十几个下属时，他就不需要亲自做业务了。否则，就没有时间去管理下属，并且很容易和下属发生利益冲突。如果一个团队缺乏管理，那就像“瞎子放驴”，完全没有约束性，这样的销售团队不会有向心力，别人也不会看得起它。所以说，发展到这个阶段，销售经理尽量不要亲自做业务，公司也不需要考核销售经理的个人业绩。

此时销售经理需要坐下来，冷静地思考一些问题。比如应该如何招聘员工？怎样去培训和辅导员工？最近哪些销售人员表现良好，为什么表现好？谁的表现差，差在哪里？怎样调动员工积极性？

怎样与员工沟通？团队里有哪些矛盾……销售经理应该进入“管人”阶段，观察每一个销售人员的工作状态，思考团队的未来趋势，逐步推进团队发展。所以说，这一阶段中，销售经理要做的是调动、分工、协调、激励、赞美等一系列管理性事务，然后逐步推进。“坐”经理，是坐下来慢慢思考的经理。

到了第三个阶段，销售经理已经成为分公司的负责人，就必须“作”经理。在这个时候，销售经理要使自己静下来，思考团队文化，在团队文化开发上“作”文章。一个团队必须有一定的文化作支撑，优秀的团队文化能够得到队员的认同，成为队员价值观的一部分，这样的团队才是成功的。所以说，这个阶段要学会“作”经理,学会用企业文化和团队文化来感染、统领整个团队。

到了第三个阶段，授权是非常重要的。但是仍有很多销售经理非常依赖自我，不想授权，总有一种“自己是领导，团队离不开自己”的感觉。这样做将无法提升销售经理的领导力。

销售经理要记住一句话：经理人最重要的工作就是选择优秀的员工，把他培养成能人；销售经理最重要的工作就是选择优秀的员工，把他培养成一个优秀的销售人员。这才是经理人该做的工作，其他都是假的。

不管你在哪一家公司工作，都要好好锻炼自己的领导能力。为企业培养更多的人才，既是为企业考虑，同时也是在锻炼自己的领导才能，对双方都有利。

3. 心胸狭窄，容不得下属成长

有一次我在青岛讲课，一个销售经理跟我说："老师，我和你说，在我们的团队里，我的个人业绩占70%以上。"

我吃了一惊："我的天！你这么厉害，那其他人在做什么？"

他得意地说："其他人也就是帮我发发资料，打打电话，约约客户。"

这个销售经理独揽了所有的业务，把别人当助手。也许有人认为，将所有的客户资源揽在自己身上，独占庞大的客户信息，好处大大的。其实不然，我的看法恰好是相反的，这样做，不仅对公司有非常大的危害，而且对自身的发展也没有好处。

曾经有一家民营公司的老板对我说："臧老师，其实销售团队不好带啊！"我很好奇，追问其原因。

他说自己的公司年营业额达到了2000万元，但是一直以来，公司的业务只需要两个销售人员就可以完成，根本带不出好的销售团队。我一听，非常惊讶，一家公司再小，也不至于只有两个销售人员吧！

“你们公司的销售人员太厉害了，但是为什么只有两个？数量太少了！难道这些年你们公司一直靠这两个销售人员撑着吗？这两个销售人员是谁？”我又问。

“一个是我，一个是我太太。”他自豪地回答。

为什么他会说出这样的话？

后来我得知，这个老板能以这种方式开公司，是由于他以前在别家公司上班时，把公司所有的客户都揽在自己身上。他自身拥有庞大的客户资源，然后开了自己的公司，依靠这些客户维持业绩。

可以说，这家公司的老板和他的太太不需要其他的销售人员，就可以维持一家公司。这位老板的太太曾经是他的员工，后来才成为他的太太。也许有人要问，为什么现在他太太能变成顶尖的销售人员，而其他的员工都不行呢？我认为问题不在员工身上，归根结底是因为这个老板只相信他的太太。

人都是习惯性动物。一家公司不愿意栽培员工、公司老板不愿意帮助员工成长，原因有两个：第一是自私，第二是老板害怕员工学会了技能之后会把自己打败。其实，就是骨子里不愿意相信别人。这种心态一旦养成，一旦变成个性，不管一个人处于什么位置，即使是自己开公司，也同样不相信别人。这就是惯性思维。

所以我认为，这家公司连一个真正意义上的销售人员都没有。老板缺乏对员工的信任，同样，员工也不可能掏心掏肺地为公司工作，在工作上不可能全力以赴。

所以说，销售经理的心胸要放宽，应该全力以赴地帮公司寻找能人，培养人才。

这样做，不但对销售经理自己没坏处，反而能积累更多的人脉，获得更多的资源。如果销售经理真的有本事，并且一直抱着培养人的态度，就可以很快地“复制”很多能人。最怕心胸狭窄，容不得别人超越自己，一直防范他人，不肯将权力下放的心态。这样不仅会导致自身工作过多，下属得不到锻炼，也会失去他人的信任，得不到下属的尊重，对自身的影响是最大的。

臧老师语录：

不是员工没有能力，而是你不相信他们能做好。

4. 感情用事，不会客观评价下属

很多的销售经理会有这样的抱怨：好人留不住，坏人赶不走。他们会觉得，优秀的销售人员都被别的公司挖走了，自己的公司里只剩下一群不会动脑子的庸才。

其实这多半是销售经理或相关领导者的责任。销售团队出现这样的问题，每一个领导者都有责任，都必须从自己身上找原因。

销售经理处于管理阶层，面对复杂多变的市场，不能用单一的思维模式进行思考，必须全面地考虑问题，理性地作出决策。但是某些销售经理却总是唯我独尊，有着“顺我者对，逆我者错”的思维定式，感性地评价员工，缺乏理性的一面，甚至认为只有听话顺从的员工才是好员工。

殊不知，听话的没业绩，有业绩的不好管。销售人员往往有一些劣根性，特别是带有棱角的销售人员最麻烦。但是往往有自我想法的人员都比较有能力，业绩比较好。如果一个销售经理心胸不够宽大，那么当销售人员对他的态度不好，表现出自己的个性时，他肯定就会处处针对这个销售人员。销售经理肯定会想：“和我对着干，跟我不和，我就想办法折磨你，让你知难而退。”最后这个能力很强的销售人员就会被“逼走”。久而久之，就会导致这样一个结果：有能力、有个性的销售人员都离开了，留下来的都是听话的销售人员。这是一家公司最大的悲剧，因为只会听令行事、没有自己想法的销售人员往往没有业绩，提升的速度也很缓慢。一家公司只剩下这样的销售人员，自然不会有发展。

为了避免发生这种情况，销售经理要学会正确评价下属，从效率效能的管控方式入手，主要看销售人员业绩的大小及其对整个销售团队绩效贡献的多少。

臧老师语录：

特别要小心溜须拍马的人，避免忽视木讷寡言而勤于做事的人。

评价失误是一件可怕的事情，会对公司造成很大的影响。一个人不可能任何时候都做到一碗水端平，但是要尽量做到公正。从某种意义上说，如果一个人的评价失误，那就说明这个人的做事方式和评价体系有问题，需要重新思考和审定现有的评价体系。销售经理要审视自身的做法，是否有排斥"不听话"的销售人员的做法，如果有，要尽早改正，否则后患无穷。

也许有人认为无所谓，认为人性总

是自私的，喜欢听好话无可厚非，只要自己看不顺眼的，暗地里动手脚就不会有问题了。但是大家永远不要忘记，纸永远都包不住火，这点非常关键。

在现实中，许多销售经理往往根据个人情感来管理工作，而不是根据销售人员的业务情况来进行管理。只要销售人员没有遵从自己的命令行事，销售经理就认为其工作不合格，不是自己需要的“人才”。这就是典型的“顺我者对，逆我者错”的思想，没有从大局出发，仅仅从个人情感考虑。

某销售经理手下有一个销售人员，叫小李。小李的销售业绩占了团队销售业绩的50%，能力很出众。但是销售经理却不喜欢小李，因为他们曾经由于意见不合，大吵了一架。在这之后，不管小李的业绩如何傲人，销售经理都要挑他的毛病。

有一天，部门要开每月一次的例会，但是小李由于家庭原因，迟到了一个小时。销售经理大发雷霆，指着小李的鼻子大骂，不仅针对迟到这件事，还牵扯到了平日里鸡毛蒜皮的小事。最后，小李忍受不了销售经理的打压，选择辞职。

小李辞职后，销售部门的业绩一落千丈，月销售额不及以前的一半。很多销售人员由于不认同销售经理的管理模式，也纷纷辞职。销售经理遭到了总经理的批评。

这个销售经理知道小李很有能力，但是由于个人情感方面的原因，他不能容忍一个和自己针锋相对的员工，于是他处处打压，无视小李对公司的贡献，最终错失一个优秀的人才，导致了公司的损失。

因此，销售经理必须做到公平客观地对下属进行评价。每个人都有情绪，但是不要让自身的情绪蒙蔽了你的双眼，要善于发现真正的人才，对其作出正确的评价。只有这样，下属才会尊敬你，全心全意为公司工作。

5. 业绩好的就是人才

销售经理经常会有这样一种想法：一个销售人员如果个人业绩很好，那么他的能力就很强，他就是公司需要的人才。其实这是一个误区。

一个销售人员的业绩再好，如果缺乏团队总目标，那么他就不是团队需要的人才。这样的销售人员留在队伍中，只会拖团队的后腿，销售经理应该明白这一点。

某一年的10月，我在河北一家电信公司讲课。下课的时候，有两个销售人员跑到阳台上聊天，我正好在他们后面休息，他们不知道，就一直在聊自己的工作。

其中一个销售人员说："你知道吗，我全年的指标，这个月不到月底就能完成了。我已经想好了，等全年指标一完成，我就跟经理请假出去旅游。"

听到这句话，我马上浮现这样一个想法：这个家伙脑袋里面没有团队总目标的意识。一个员工的脑袋里没有团队总目标的意识，他往往就缺乏奉献精神。所以作为销售团队的领导者，销售经理一定要让销售人员培养起团队总目标的意识。完成个人目标是应该的，但在完成个人目标的前提下，还需要不断去冲刺团队的总目标。销售人员要把完成团队总目标作为己任，全力以赴。

想要完成团队总目标，就要培养每个销售人员的团队意识和奉献精神。否则，整个销售团队就会非常散漫。

在战场上，一个总司令经常会有这样的命令："来！一团左边掩护，二团右边掩护，三团从中间往上冲！"这时，如果三团的团长有任何的迟疑，心里想着："为什么他们是掩护，却让我来冲？"就会导致这场战斗的失败。在战场上，需要这样的团队：愿意为了其他兄弟部队，为了总目标的实现，自己冲锋陷阵，成为枪靶子。现在做销售，远不及战争的残酷，若还要瞻前顾后，怎么能做好销售呢？

> 有一次，我在河北讲课，教室前排坐着的一个学员总是跟我唱对台戏。但是我很高兴，因为上课时有了这样的人才有气氛。我拿他开玩笑："帅哥，你们公司去年的总目标是多少，今年的总目标又是多少，你回答得上来吗？"他想了想，说："这是公司领导的事情，是老板在管，和我没关系啊！"

他给出这样的答案，说明他的脑子里根本没有公司的总目标。这就是缺乏团队意识的表现。销售可以说是一场别样的战争，如果人人都瞻前顾后，没有往前冲的勇气，那么肯定会失败。所以销售经理一定要让销售人员记住：公司总目标是第一目标，个人目标是第二目标，从事销售工作不仅要完成个人目标，还要全力以赴为公司、为团队作奉献。

6. 目标不清，管理随心所欲

如果在管理中缺少目标，随心所欲，那么结果肯定会一团糟。但是销售经理常会犯这样的错误：自身发展目标不明确，团队管理目标不明确。

（1）自身发展目标不明确

当一个人在做销售人员时，其目标应该是业绩第一，并且盼望能成为对下属发号施令的销售经理。而一个人当上销售经理后，其目标应该是团队业绩第一，团队进步、队员成长最重要。

只关注培养自己的能力，不愿意培养其他人的能力。这是销售经理常犯的一个错误。

销售经理最重要的工作就是培养优秀的销售人员，使其为了团队目标而奋斗。这才是销售经理的工作目标，其他的工作都是为了这个目标而服务。

（2）团队管理目标不明确

管理是一门实践性很强的学科，销售经理要不断学习实践科学的管理方法，定好团队发展的目标和方向。

团队管理目标不明确是销售经理常犯的又一个错误。为了避免因团队目标不明确而造成管理混乱，销售经理可以采取以下方法。

第一，用总目标指引团队的前进方向。

所有的销售团队，都要用团队的总目标来指引整个团队的前进方向，这是非常重要的。所有销售团队的领导者，都要学会为团队画饼，为队员造梦。就像伟大领袖毛泽东，一开始倡导大家打土豪、分田地，所有的老百姓都愿意跟着共产党打天下。只有有梦想、有理想的人，才能够真正地为了自己的目标而打拼，而奋斗，而奉献。当然，团队的梦想要切合实际，要建立在队员个人梦想的基础上，不能盲目画大饼。

一个销售团队的领导者，如果不善于给大家画饼，不善于编织梦想，那么他肯定不是一个好领导。有了目标，才能够鼓舞人心，才能够使人们有前进的方向，为了理想而打拼。我曾经接触过一个员工，他无比憧憬地说："我们公司明年要上市了！"他说这句话的时候，眼神无比坚定，充满强烈的自豪感，浑身散发出一种奋斗的激情，周围的人也被他感染了。这就是梦想的力量。

若是一个销售经理连团队发展的梦想以及未来的规划都没有，或是有梦想却不让销售人员知道，永远将规划夹在自己的本子里，那他真是太失败了。销售经理必须学会设计蓝图，做好团队发展的规划，并且将团队的规划转换为销售人员个人的目标，使其了解企业发展方向，使其制定的职业生涯规划符合团队的发展规划。这样，销售人员才能够将团队的发展视为己任，将个人发展融入集体，而销售团队也才能够提高自身的凝聚力，最终实现双方的共同发展，实现双赢。

每一位销售人员进公司，都带着梦想，希望这家公司是实现自己梦想的平台，希望自己未来有良好的发展，很少有人一进公司就想着跳槽。所以说，很多销售人员都是抱着为公司创造价值、不断锻炼自己的想法的，销售经理千万不要总是打击他们的积极性，毁灭他们的梦想。

马云经常会提起阿里巴巴公司的“十八罗汉”，“十八罗汉”就是指当初与马云一起创业、没有离开过公司的那十几号人。

2003 年之前的阿里巴巴，一直处在危机中，不断地亏钱。别的公司老总发工资时都是面带微笑，马云一到发工资，脸色就变难看了。他发不起工资，只能打白条。后来他公司的财务总结了一句顺口溜，“人家老公做老板，老婆跟着去收款。我们老总做老板，我一天到晚去打白款”。甚至最后企业资金窘迫，马云就和员工说：“兄弟，借点钱，借点钱！借了我给你发工资。”

向员工借钱发工资，我做老板这么多年，也没干过这种事。试问有多少个企业老板敢像马云那样干。如果在其他企业，员工早就离职了。这就是马云的厉害之处。

到了2005年，阿里巴巴还没上市，互联网上很多人认为马云是一个江湖大骗子、大忽悠，但是马云和公司全体员工坚定信念。转眼，马云变成了互联网的教父、阿里巴巴教父，这要归功于公司员工的不离不弃，艰苦奋斗。

马云认为，一个领导者要带领一个团队，最关键的一点是：给员工一个梦想。为什么在公司财政困难的时期，这些员工不肯离开阿里巴巴？原因非常简单：马云用一个大家共同的梦想来领导着每一个人，用梦想维系着每一个员工，他将所有人都吸引在自己周围，让大家为了梦想而奋斗。这个梦想是什么呢？

马云说："只要做企业，没有不做宣传的，当初的阿里巴巴就是用雅虎竞价来做宣传。"他认为所有的产品都要宣传，而他有B2B、B2C、C2C可以帮助别的公司进行产品宣传，并且他针对宣传之后的交易打造了支付宝，让交易者把钱打进支付宝里。

支付宝是一个资金集散地，而阿里巴巴是资金的监控者。比如我是一个卖家，有人要买我的产品就必须把钱先打到阿里巴巴公司，由阿里巴巴公司进行资金监控。等我将产品寄给客户，客户确认产品合格了，再经由阿里巴巴公司确认付款。通过以上的环节，阿里巴巴才把钱发给我。用支付宝购买商品既简单又快捷，也能够保证双方资金的安全，所以很多人都愿意使用支付宝来购买商品。

如果有一千万人使用支付宝，并且一个人的支付宝账户里有一块钱，那么支付宝这个“蓄水池”里就有了一千万元。如果所有的人都养成用支付宝的习惯，那么支付宝将成为一个庞大的资金集散地，其中的资金将会是非常惊人的。就像微软公司的Windows视窗，现在所有的客户都习惯使用Windows视窗，如果有生产商生产的电脑和这种视窗不匹配，销量肯定很低。

支付宝就是马云为员工编织的梦想。当时中国还缺少这样一个系统，很多人愿意为了这样一家有潜力的公司而奋斗，很多的人才前赴后继地跟着马云打拼。这就是梦想的力量，这是马云的魅力，也是阿里巴巴的魅力。阿里巴巴凭此吸引到了大量的人才，并且拥有大批将企业目标放在第一位的员工，在企业危难时期一直不离不弃。

第二，用每个人的目标来激发个人。

销售经理不仅要用团队目标来带领销售团队，还要用每个销售人员的小目标来激发个人潜力。

如果一个员工有自己的目标和梦想，那么这个员工的工作热情肯定很高，一旦工作激情高涨，他的工作就会走上一个新的台阶。员工工作有进步，不仅仅是员工自己受益，领导者也会从中受益，这就实现了个人和公司的双赢。

所以说，销售经理首先要鼓励销售人员树立自身的个人目标，目标是一个人迈向成功的导航。

一位父亲带着三个儿子去打猎，一到了森林，这位父亲就让三个儿子分头行动，约定好傍晚的时候在路口集合。时间很快就过去了，傍晚时分，他们四个在路口碰头。

父亲看了看，大儿子手中只有刚开始带去的猎枪，什么猎物也没有；二儿子左手拿着一只野兔，右手拿着一只山鸡；而小儿子背着猎枪，拖着一头大山猪。

父亲问比较大的两个儿子："你们是否知道自己和老三的差距在哪里？"

大儿子说："因为我的枪不好。"二儿子说："因为我的速度不够快。"父亲摇摇头，否定了他们的答案，接着又问："你们这一整天都看到了什么呢？"大儿子说："我看到了很多的树。"二儿子说："我看到了很多的树和野兔。"小儿子说："我只看到了山猪。"

父亲点点头，说："目标不一样，这就是你们的差距。"

这个故事里，三个儿子的装备都是一样的，但是只有小儿子满载而归，就是因为他们的目标不一样。大儿子眼中只看到了满森林的树，根本没有给自己定下一个目标，盲目地去寻找，最后一事无成；二儿子眼中看到了树以及野兔，有了一定的目标，但是由于目标不专一，收获不大；而小儿子的眼中只看到了山猪，从一开始，他的目标就非常明确，所以成为了最后的胜利者。

在企业中也一样，销售人员要有一定的目标，否则就会像大儿子一样，盲目地工作，最后一事无成；目标要专一，否则会像二儿子一样，收获不大。所以销售经理要及时引导销售人员树立自己的工作目标，并且用其个人目标来激发他们的潜力。

我经常会在课堂上说："我这儿有100块钱，谁想要我就送给谁。"一般情况下，现场的学员都不会相信我的话，肯定都在想："拿你的100块钱，肯定是要付出代价的。"其实这些学员都想错了，我当着那么多人的面把钱举起来，如果真有一个人跑上台，我怎么好意思把钱收回去呢？

曾经有一次，我遇上了一个很积极的小伙子，那一次真的亏大了。上课期间，为了活跃气氛，我拿出了500块钱说：“谁要我就给谁！”然后有一个小伙子从第八排的中间“嗖”地跳了出来，一把将钱拿住，速度惊人。

我问他：“小伙子，你跳到桌子上，万一踩到别人的手怎么办？”结果他的回答给我留下了深刻的印象，他说：“臧老师，这叫看到目标就往前冲，在向着目标前进的时候我是看不到任何障碍的！”

这就是目标的力量。

世间所有的事物都是互相联系的，要使员工有目标，就要使他们转变思想，集中注意力。人是习惯性的动物，同时也是专注的动物。

比如，有一个人在装修房子，第二天就要交工了，所以忙得不可开交。等到中午终于闲下来的时候，他突然看见自己的袖口血迹斑斑，这时才发现自己的手指头被划破了。等到看见了伤口，才觉得异常疼痛。别人肯定会问：“你刚才怎么不痛呢？”那是因为之前他的注意力完全集中在工作上，当一个人注意力非常集中的时候，往往会忽略别的事情。这就是注意力的作用。

我在这里要告诉大家的是：如果你不能让你的员工集中注意力，盯着目标，那么这个员工一定会惹出很多麻烦，这是非常现实的问题。人的注意力都是不一样的，有的人会关注消极的消息，有的人会关注积极的消息，他关注哪方面的事情，就会导致相应的结果。比如《红楼梦》里的林黛玉，她为什么会香消玉殒呢？因为她一直关注消极的事情，积郁成疾，最终郁郁而终。所以销售经理不能让销售人员分散注意力，要鼓励他们树立个人目标，引导他们的前进方向，避免产生消极后果。

三一集团的董事长梁稳根有一句名言："老板们一定要会用目标来感染和激发员工的动力。"这句话非常有道理。有目标的销售人员就如同有了前进的轮子，只要经理给予一定的助力，他就可以前进得很快，走得很远；而缺乏目标的销售人员，不管经理怎样推，也都只能原地打转。

7. 沟通不注重方法

很多公司有着融洽、和谐的上下级关系，工作氛围非常轻松、愉悦。同时，也有很多公司存在着领导辱骂员工的现象，工作氛围非常压抑。这就是沟通是否顺畅造成的不同结果。

我们应该怎样进行上下级的沟通，使得沟通能够发挥应有的作用呢？我认为有三个技巧。

(1) 要学会用“生理语言”

假如一个人到商场采购，在购买的整个过程中，讲的是真话多还是假话多？有一个说法是——顾客是“骗子”，也就是说，顾客说的多是假话。如果一个人和他人进行沟通，只听别人嘴里的文字，那他肯定会上当。一个销售人员最应该做的就是要学会察言观色。顾客买东西，经常会“表里不一”，口头上说“过会儿回来买”，但心里的真正想法是“不想买”。如果一个销售人员在与顾客沟通的过程中仅仅注意其口头上的语言，那么他的业绩肯定不高。

现实中，许多人也认为沟通一定要靠嘴，依靠语言来传递信息。但是我认为，销售经理在传递信息时，要明白一点：不管是传递信息、双方进行沟通交流，还是对他人进行鼓励、赞美，不仅可以使用口头语言，还可以运用一个更为重要的渠道——生理语言。

其实每一个人与外界联系，不管是

臧老师语录：

良言亦须善道。

与顾客交流，还是与下属沟通，都需要通过各种各样的渠道。而人与人之间就有三个信息传递渠道：第一个是文字语言，第二个是语音语调，第三个是生理语言。其中的生理语言渠道能够发挥巨大的作用，能够对他人造成一定的影响，使他人受到鼓舞。

生理语言不等同于肢体语言。肢体语言只运用肢体的动作来传达信息，容易让人误解，而生理语言是指与他人交流时，能够运用眼神、面部表情，甚至运用自身的发型、领带传递信息。

销售经理与销售人员进行沟通时，要适当地运用生理语言，以避免销售人员理解偏差。如果一个领导来视察工作，往员工面前一站，说："小伙子不错啊！"这样一句话，若配上不同的表情，就会产生不一样的效果。如果领导笑容可掬地和员工说这句话，那么员工会非常高兴，会觉得领导真的在称赞自己；如果领导说这句话的时候阴阳怪气，眉头上扬，双手抱胸，那么员工绝对不会认为这是一种赞扬，肯定会两腿发抖。同样的内容配以不一样的表情，能够产生不一样的效果，所以说，真正能够传递信息并且对他人造成影响的，往往是生理语言。

如果你走在大街上，前方来了两个人，那两个人的衣着档次看起来比你高，那么当三个人相遇的时候，对面的两个人会让开。如果正好相反，那么你会主动走得远远的。你们之间没有沟通，没有说话，但是生理语言表达了双方的感觉。若是两个销售人员一起推销产品，一个人西装笔挺，给人一种成熟稳重、专业性强的感觉；而另一个人穿着汗衫，配着夹脚拖鞋，走路弯腰驼背，眼神不坚定。这种时候，多数人会选择先听前一个销售人员介绍，这就是生理语言的力量。

有很多女孩子在和男孩子聊天时，喜欢指着男孩子的脑袋说："你好讨厌！"其实这个女孩子不是真的讨厌那个男孩子，她真正的意思可能是："哎呀，你好可爱！"所以说，不能以口头的语言作为判断意图的唯一标准。很多事情都一样，人和人之间传递信息，口头语言是其次，生理语言才是关键。

生理语言具有说服他人的巨大感染力，所以我们不管是和上级、下属还是顾客沟通，都要适当运用生理语言，其次才要注意语音语调和语言文字。

作为一个团队的领导者，销售经理在进行团队讲话时，一定要铿锵有力，要有气势，将自己最佳的状态展现出来，适当运用生理语言，使听众折服。

（2）对事不对人

销售经理在与下属谈话时，要注意对事不对人。这句话许多领导者都明白，但是能做到的没有几个人。我们来看一个案例。

有一天，公司的副总在经过走廊的时候，发现地板有点脏，于是他就把负责打扫卫生的保洁员叫了过来。

“这地板怎么这么脏啊，你怎么没有打扫一下？”这位副总略带不满地说。

保洁员一听就急了，连忙解释：“不是的，我扫过了，刚打扫的。”

这位副总一听她这样解释，又问：“已经扫过了，那地怎么还这么脏啊？”

保洁员一脸委屈，坚持自己已经扫过了，认为副总是在鸡蛋里挑骨头；而副总却仍然认为地很脏，保洁员态度也不好。于是副总和保洁员就这个问题争论了很久。

这位副总就是典型的“既针对事，又针对人”。

如果副总一开始直接指出地很脏，这就叫“就事论事”，没有涉及人格。但是他问保洁员“怎么没有打扫一下”，实际上就是对别人的工作态度产生了怀疑，就是对人格的一种质疑。

保洁员在解释自己已扫过之后，副总的应对使得矛盾更深，“已经扫过了，那地怎么还这么脏啊？”这句话有三重意思：第一，你怎么可以质疑领导的话；第二，你胆敢跟我狡辩；第三，你不诚实。

其实保洁员只是为自己的工作态度进行辩护，但是后来矛盾加深，完全是由于副总的表达有偏差。如果一开始，副总对保洁员说："地还有点脏，你再扫一下吧！"这样一来，不管保洁员有没有扫过地，她都会听从指示，也就不会再发生后来的争论。

其实生活中很多的争吵，都是源于鸡毛蒜皮的小事。 并且争吵一开始针对的是事情，而后容易转变为针对人。

许多夫妻会产生矛盾，也是因为其中一方将错误归咎到人的身上，没有针对事情来表达自己的意见。如果丈夫由于要处理一个加急文件，下班回家晚了，妻子一看到他进门，就说："你做事就是这样磨磨蹭蹭，等你半天了。"丈夫听到这样的话，肯定会不高兴，这样夫妻两人就可能会发生争吵。

所以说，针对人的批评往往容易引起对方的反感。

大家正在开早会，某个部门的员工迟到了，匆匆忙忙从大门进来。这时候领导说了一句："小刘啊，你整天迟到，怎么那么懒啊？"听到这种批评，如果这个员工很老实，那么就会乖乖认错，如果是很有个性的员工，可能就会回答："我怎么了？不就迟到四次嘛！"这样就可能引发双方的矛盾。领导如果换一种表达方式，"小刘啊，这是你第几次迟到了？以后多注意啊！"那么员工肯定会不好意思，会态度诚恳，承认错误："对不起，经理，我以后会注意的。”

所以说，批评要“对事不对人”，并且最好不要当众批评一个员工，要注意不要让其自尊心受损。在马斯洛需求层次理论中，自我价值和重要感是人人都需要的，所以员工往往很在乎自我尊严，领导者在工作中要注意这一点。

如果对方做错了，那就针对这个事情来进行讨论，地板脏了就谈论地板，迟到了就按规定扣分。总而言之，领导者批评员工要有技巧，与员工沟通要注意自身的表达，就事论事，切记批评不要涉及人格。

(3)不要给下属讲官话、空话、套话

在谈话交流时，销售经理不要总是给员工讲官话、空话、套话，这些僵化的语言很难带动员工的工作积极性。销售经理要经常和员工谈心里话，要学会谈心，更要学会交心。只有双方交心之后，双方才能相互理解，这样才可以获得成功。

如果一个销售经理经常跟员工讲官话、空话、套话，那么很有可能引起大家内心的反感。这样一来，团队间肯定会有隔阂，不容易产生凝聚力与向心力，团队协作也会出现问题，最终会导致团队效率降低，公司业绩下降。

从前有一个将军带兵打仗，那场战争拖了很久，大家都已经被拖得筋疲力尽。

有一天，将军在帐篷里面思考作战方案的时候，听到外面有一个声音，他仔细一听，原来是一个士兵在咒骂："真晦气，这战争到底什么时候结束！天天待在这鬼地方，我受够了！"将军一听，可不能让这种思想蔓延开来，否则对于整个队伍是一个重大的打击。于是他走出帐篷，将士兵叫了过来。

"来，和我去走走。"将军叫上那个士兵。

他们就开始在营地周围散步，将军一边走一边和士兵聊天，"我都年过半百了，还要出来带兵打仗，家中的孙儿出生了，我都还没见过他……唉！"将军开始和士兵聊起家里的事情，把他的不满一股脑儿发泄了出来。士兵一听，顿时觉得同病相怜，认为将军能够理解自己，于是放松了心情。

聊着聊着，将军又说："但是，一想到我是为了国家在战斗，为了我的家人在战斗，我就有了坚持下去的动力。如果我不坚持，他们怎么能够过安定的日子呢？为了他们，我一定要取得战争的胜利！"听到将军这样说，士兵陷入了思考中。一阵沉默之后，士兵说："将军，我明白了，与其在这里抱怨，不如一鼓作气，结束战争！"

在那之后，这个士兵再也没有抱怨过，团队的士气也慢慢恢复，最终他们取得了战争的胜利。

这位将军很睿智，他听到了士兵的抱怨，采取了迂回的方式来解决这个问题。将军没有指责这个士兵，也没有一味地和他讲述大道理，而是选择了聊天的方式，倾诉自身的苦恼，并且适时引出战争的必要性，使得士兵能够接受并理解。这样不仅能够鼓舞这个士兵的士气，也能够避免消极的情绪在军队中蔓延，是比较明智的做法。

销售经理要学习这位将军，要学会真正地和下属谈心，这样才可以拉近关系，在团队中营造向心力，最后“一呼百应”。如果销售经理平常不下功夫，和下属的关系很僵化，到需要下属冲锋陷阵的时候才临时抱佛脚，那是不管用的。很多公司会出现这样的情况：有能力的人纷纷离职，脱离了团队，离开了公司，只剩一个光杆司令。这样的团队很可悲。

留人有三种方法，心思留人法、愿景留人法和情感留人法，其中最重要的是情感留人法。情感留人法，就是通过建立深厚的情感留住员工。通过这种方法，即使有别的公司出更高的薪酬，员工也不会离职。有很多公司运用的就是情感留人法，经理和员工的关系非常好，为公司留住了很多的人才。

利用好生理语言，谈话对事不对人，少说官话、空话、套话，多和下属交心，建立深厚的情感。这样才能够达到交流信息的目的，更有目标性地整合团队，建设团队文化，也更利于团队同心协力提高公司的业绩。

8. 对销售人员的招聘毫不上心

销售经理自身的偏见会导致公司充满庸才。我曾经在一家公司做咨询，公司的总经理抱怨说："老师，我经常让销售经理到人才市场招聘，但是每次招聘的结果都不尽如人意。我们公司的待遇很好啊，为什么会出现这样的情况呢？"这样的烦恼相信很多公司都遇到过，其实这就是销售经理的问题。很多销售经理不敢招能力很强的人，有一种"带起了徒弟饿死了师父"的心理，处处刁难有潜质的销售人员，生怕自己的地位受到威胁。其实销售经理应该摒弃自身的偏见，认真地甄选销售人员，因为，公司绝对不会否认一个优秀的销售经理的功绩，如果销售经理能够带领好团队，肯定能够得到上级的提拔和赏识。

如何进行招聘呢？招聘要有一定的技巧，不能盲目地寻觅人才。

第一，一定要销售部门的人员去进行现场招聘，人力资源专员起的是协助作用。

很多公司都喜欢到人才市场进行现场招聘，而到人才市场进行招聘的往往是人力资源专员。我认为最好不要让人力资源专员去招聘销售人员，因为“物以类聚，人以群分”，人力资源专员招来的都是适合做人事工作的。也许这句话带有一点偏激，但其实是有道理的。很多人都有过这样的经验：第一眼看到一个人，就非常喜欢他，即使没有进行交谈也觉得很投缘；而有些人是怎么看怎么不顺眼。为什么会有这样的感觉呢？两者的差别在哪里？其实这是源于人和人之间的磁场与气场，有些人一见面就感觉相见恨晚，就是因为生理语言、生物磁场相吸引。所以说，如果要招聘销售人员，可以让公司的销售精英参与，也可以由销售总监亲自出马。招聘者级别越高，选人的眼光也就越高，他第一眼看中的人员的档次也会比较高。人力资源专员可以在旁协助，收集、整理资料。这样既可以让销售经理用销售的眼光去挑人，也可以让人力资源部门从人员挑选的角度去看问题。二者相结合，可以起到互补的作用。

第二，在人才市场招聘，一定要学会“造势”。

招聘是一个双向的选择，不仅仅是公司选择人才，人才也在挑选公司。如果一家公司完全没有造势，不能完美地展示企业的魅力，怎么能吸引到应聘者呢？

有些保险公司的招聘人员在人才市场进行招聘时，会一直观察整个人才市场的人员动向。他们的两只眼睛像猎人的眼睛一样锐利，四处搜寻，若是发现某个应聘者的状态和气质比较适合做保险，就会主动出击，“唰”地跑过去，“来来来，过来坐，你有兴趣加入我们公司吗？”这样做，就可以网罗到许多人才。但是很多公司却相反，他们的招聘人员到了人才市场后，就开始看小说、吃零食、聊天……这样的人，根本不是去进行招聘的，而是去休闲娱乐的。他们完全不去观察周围的应聘者，怎么可能招到合适的人才呢？

招聘，首先要做的就是“行销你自己”。只有将你自己优秀的一面向应聘者表现出来，才能够吸引应聘者的目光，才能令他们折服，从而获取人才。

如果造势成功，那招聘时在公司展位前的应聘者就会比其他公司多，他们待的时间也更长。这样，公司就可以有更多的选择，更有可能招聘到合适的人员。所以说，一家公司在招聘的时候，要学会造势，加深应聘者对公司的印象。

不要再抱怨招不到合适的人才了，销售经理要从自身做起，摆正自己的心态，把好招聘这一关，为企业挑选人才，与企业共同发展。

头狼应具备的特长

作为销售团队的领导者，销售经理一定要有鲜明的个性，具备一定的特长，这样才能够将团队打造成狼性销售团队。狼性销售团队的销售经理，必须具备以下特长（如图 1-1 所示）。

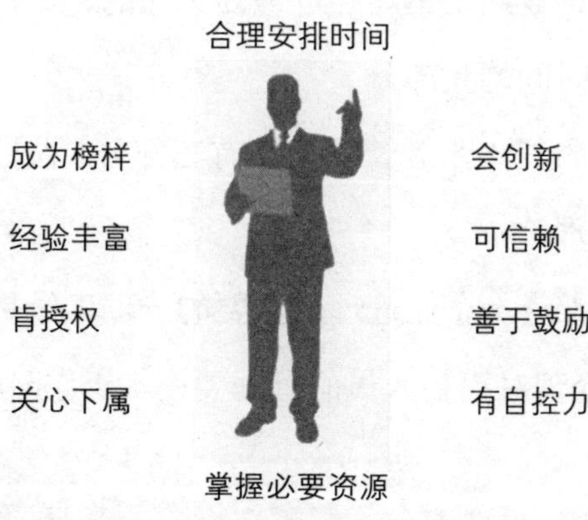

图 1-1　头狼要具备的特长

我认为，销售经理的个人人格魅力非常重要，因为销售团队靠的是无形的东西在影响别人。这无形的东西，包括销售经理的人格品质、做事方法、言行举止等，这些都会给销售人员带来很大的影响。如果一个销售经理在这些方面镇不住销售人员，那将会影响整个团队，造成严重的后果。

1. 懂得合理安排时间

销售经理作为企业的中层人员，既要对下属负责，又要向上级汇报，是企业的中流砥柱。所以，销售经理的时间分配极其重要。

销售经理要能够良好地分配时间。销售经理是主管销售的领导，所以销售业绩是销售经理最为关注的，对销售人员的管理要占其工作时间的大部分。

销售经理的具体业务管理工作有三部分：人员管理、客户管理和决策管理。

人员管理部分。企业管理最重要的一项工作是提升人员素质，所以销售经理对销售人员的管理要占其工作时间的大部分，即 60%。

客户管理部分。客户是企业的衣食父母，发展企业，除了需要提升内部人员的素质之外，也要关注客户。所以销售经理要留出 20% 的时间去进行客户管理。

决策管理部分。销售经理的决策只是针对销售策略方法，只需在公司制定的大目标战略下具体执行，很少会出现偏差。所以销售经理的决策时间只占整体时间的 10%。

另外，销售经理对上级领导也要做到时时沟通，汇报不同阶段的业务进展，反馈市场意见。所以销售经理和上级沟通汇报的时间也要占到 10%。

销售经理的时间分配如图 1-2 所示。

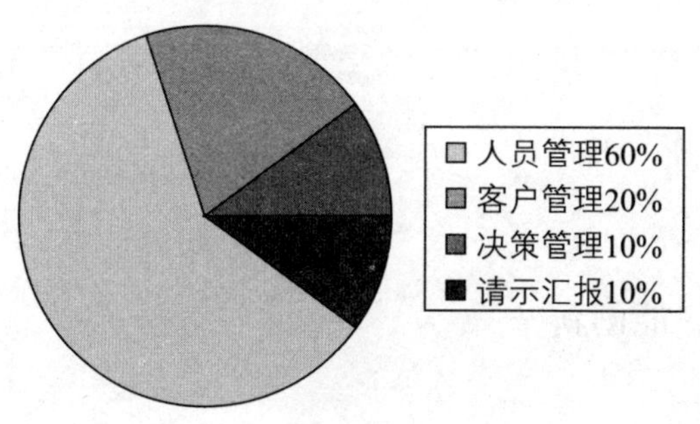

图 1-2 销售经理的时间分配

2. 能够成为员工学习的榜样

这是销售经理应具备的最基本的能力。如果一个销售经理，在其销售工作范围内不能独当一面，那就谈不上优秀。销售经理必须熟悉自身的业务内容，能够掌握本部门的工作细节，指导并且帮助下属开展工作。

销售经理要展现自己的才能，展示自身的魄力，这样才能使得团队成员对其产生崇敬之情，才能成为团队成员学习的榜样。但是同时要注意，销售经理要把握一个“度”，不能太锋芒毕露，否则会使得团队成员产生挫败感，认为自己能力不足，和销售经理相差甚大，从而不尽心尽力地工作，对团队的发展不利。

所以说，销售经理要适当地展露自己的能力，成为团队成员学习的榜样，同时也要内敛稳重，成为名副其实的领导者。

3. 有创意，能创新

社会是在不断变化的，市场更是瞬息万变，销售经理一定要有敏锐的眼光，对市场的变化迅速地作出反应，不断有新的形式、新的思路以及新的管理方法来应对不断出现的新状况，这样才能使得团队在市场中保有一席之地，不被残酷的现实所淘汰。

销售经理应该抛开陈旧的思维方式，学会创新，要跟上时代的步伐，主动地迎接挑战，以敢于创新的姿态面对一切挑战。如果一直沿用以前的制度、方法和模式，那么总有一天会被市场无情地抛弃。

所以说，创新能力是销售经理不可或缺的。

4. 经验丰富，洞悉一切

优秀的销售经理一定要有一线的实战经验，只有这样，才能更好地理解销售，并且理解销售人员的困境，找到突破的方向，辅导销售人员快速突破自我，迅速成长。

一般来说，销售经理都是从销售人员一步一步往上升的，销售经理之前积累的经验非常宝贵，能够使其在管理岗位上掌握团队的发展动态，了解团队成员并且促进其成长。没有经验的销售经理缺乏实战经验，容易盲目行事，按照自己的主观想法指导工作，最终有可能导致发展路线产生偏差，团队工作受到阻碍。

所以说，销售经理必须经验丰富。

5. 不专权，肯授权

很多的销售工作都需要一线销售人员直接去完成。销售经理一定要学会放权，肯授权。只有适度授权，才能保证销售人员遇事不乱，处变不惊。同时授权也是对销售人员工作能力的认可，可以使其更加自信、圆满地完成任务。

销售经理如果紧紧将权力握在手中，会导致下属缺乏自身的想法，没有创造力，得不到锻炼的机会。也会出现这样一个现象：所有大小决策都要经过销售经理的审批，导致销售经理工作量过大，效率低下。

当然，授权要适度，销售经理要将重要事件的决策大权紧紧握在自己手中，否则有可能导致团队决策的重大失误。

销售经理要能够适度授权，这是其必须具备的素质之一。

6. 善于鼓励和赞美

销售是一件备受考验的工作，销售人员难免会在销售过程中遇到各种各样的困难。客户有可能冷漠对待销售人员的讲解，也有可能在倾听之后不购买产品，更有可能将价钱压得很低。这些打击都会消磨销售人员的斗志，使他们丧失积极性。所以，一个优秀的销售经理，必须能够适当地鼓励和赞美团队成员。

在销售人员遇到挫折之后，有的销售经理会不顾销售人员的感受，一味地责备他失掉了客户，拖了团队的后腿。其实这样做不但不能使销售人员吸取教训，在下次业务洽谈中表现得更好，反而会令销售人员失去信心，更加萎靡不振。所以，销售经理要能够在销售人员遭受打击的时候给予适当的鼓励，使其不要失去信心，而是能够吸取教训，慢慢地在工作中进步。而当销售人员有了进步，或者表现较好时，销售经理一定要不失时机地赞美他们，以增强他们的自信心。

鼓励和赞美在团队管理中起着非常重要的作用，能够提高团队的向心力和凝聚力，促进团队成员的发展，提高销售业绩。

7. 可信赖，成为员工的伙伴

信赖是团结的基础，在销售团队中，销售经理要成为销售人员最可信赖的伙伴。销售经理要从日常工作的细节中让销售人员对其产生信赖。比如对销售人员工作的及时肯定，对制度的严格考核，对销售困境提出的有效建议等，都可以使团队成员对销售经理产生信赖感。

一个缺乏信赖的团队是不可能成功的，一个不能得到销售人员信赖的销售经理是失败的。销售经理必须具备一定的个人魅力，以获取销售人员的信赖，让他们在自己的领导下，披荆斩棘，过关斩将，获取最终的胜利。

8. 关心下属，处事公正

销售经理应该多为销售人员着想，不要动不动就乱发脾气。在与销售人员的交往过程中，要尽量营造一个良好的相处空间，能够与销售人员进行良好沟通。沟通是人际交往的重要手段。上下级之间没有沟通，想要相处好非常艰难。很多销售人员很怕销售经理，因为销售经理时常对销售人员的业绩感到不满意，所以销售人员面对销售经理的严肃表情，就会心生胆怯，造成双方无法正常沟通。这样就会造成团队的销售业绩步步下滑，最终失败。

不仅仅针对工作上的事情，销售经理也可以就生活中发生的事情与销售人员进行沟通，关心销售人员的生活，时常了解其内心的想法。

但是这并不意味着销售经理放弃对销售人员的严格要求，不能千篇一律地用笑脸去面对一切问题，在需要批评的时候必须严厉地指出错误。这就要求销售经理能够判别事态的发展，针对不同的事件采取不同的应对方式，就事论事。这样可以使得销售人员认为销售经理处事公正，从而促进团队的团结。

9. 掌握最值钱的资源

一家公司里有两大资源非常值钱，第一是大客户资源，第二是销售团队资源。

大客户资源属于企业，必须牢牢控制在销售经理手中。掌握了客户资源之后，销售经理可以依靠团队作战获得企业利润的增长。大客户资源不能掌握在员工手中，否则很可能会出现个别销售人员依仗手中的大客户来要挟企业等不良状况产生。

销售团队的成员不能成为散兵游勇，必须经过严格的选拔和专业的训练。销售经理要尽量使员工的思想观念和必要技能都达到国际化，培养出一支训练有素、有战斗力的销售队伍。

试想，是谁给你钱？是客户。是谁把钱拿回公司？是销售人员。客户资源和销售团队这两个资源对很多公司来说都是至关重要的，但相对而言，销售团队的表现能力是重中之重，新时期最值钱的资源还是人才。

一家公司销售团队的表现基本上决定了其发展方向，因此销售团队的建设异常重要。

在草原上，你要是看到牛、羊、马、兔子在飞奔，说明狮子、老虎、狐狸、豹子出现了。但如果你发现不仅是牛、羊、马、兔子在飞奔，连狮子、老虎、狐狸、豹子都在飞奔，这就说明狼群出现了。

狼群的长啸声响彻草原，在夜晚，那一双双发出光芒的眼睛使所有的生物都感到畏惧。狼群在草原上肆意奔驰，像洪水暴发一样，它们所到之处白骨累累。一只狼都敢于与老虎、豹子这样的猛兽展开搏斗，可想而知，一群狼的景象会如何。

所以我把公司的销售人员比作狼，如果每一天销售团队都像狼群一样，团结奋战，无坚不摧，那么这家公司对于竞争对手来说就是非常可怕的。

由此可见，销售团队是企业在激烈的市场竞争中获胜的关键，尤其是狼性销售团队，更是重中之重。

10. 严守底盘，有自控力

最后要注意一条：要严守底盘，有自控力。一个人的品行要端正，有些东西不能轻易触碰。

我在全国各地讲课，经常与形形色色的人打交道，当然会碰到各种各样的诱惑。我做事有自己的原则，面对诱惑时，我通常想：如果今天犯了错误，那么我之前三四十年辛辛苦苦积累起来的形象就会完全毁掉。因为纸是包不住火的，世界上没有不透风的墙。有些事千万不能碰，一碰就会引火上身，最终有可能毁掉自己。

一个人的自控力很重要，如果缺失自控力，那么可能会对其一生产生非常大的影响。作为销售经理，大家也一定要记住：

严守底盘，要有自控力。如果一个人连自己都控制不住，那么他绝对不可能成为一个大人物。

伟大的领袖毛泽东，他的一生有“两不摸”，我认为非常有启发。

第一，不摸钱。

毛主席闹革命那么多年，一直坚持不摸钱。他把钱交给别人打理，并且每一次拿钱他都要别人把钱装在信封里，自己连看都不看一眼。这个习惯毛主席坚持了一辈子，如果是你，你能控制得住吗？

销售经理也一样，要有自控力，千万不要被一些客户的小恩小惠迷惑，这样才能做大事。

第二，不摸枪。

在革命战争年代，要做到不摸枪是很难的。毛主席至少经历了四十余年枪林弹雨的生活，在那个敌人一直伺机而动的年代，他随时会有生命危险，但是他却从来不摸枪。有一次有人拿了一支制作精良的枪要送给毛主席，但是毛主席把桌子一拍，生气得几乎要把桌子掀翻，大吼一声：“你不是不知道，我从来不碰枪！”所以说，毛主席能成为人民的伟大领袖，与其强大的自控力是分不开的。

但凡能成大事者，没有几个是缺乏自控力的。反过来说，如果一个人的自控力很强，非常有定力，那么我相信他一定能成功。

■ ■ ■ ■ 头狼在销售团队中扮演的六种角色

销售经理主要有以下六种角色定位。

1. 精神引导者

销售经理是整个销售团队的主心骨。在市场动荡、竞争对手攻击、内部困难、人心浮动时，销售经理要作为精神领袖，与下属分享公司未来的发展前景，分析当前的困境，鼓舞士气。

销售经理绝对不能与下属一起发牢骚，怨天尤人。领导的情绪往往对下属影响非常大，所以销售经理即使内心焦急不已，表面也要沉着，要冷静地面对问题，这样才可以安抚销售人员的情绪，稳定混乱的局面。

2. 团队目标规划者

狼性团队的销售经理不仅要明确团队的总体目标，也要帮助销售人员规划个人目标，并且细分目标。可以说，销售经理是规划者，要规划销售部门中每个销售人员的工作目标、工作方案以及关键流程，并且要规划整个部门的岗位设置、考核体系、激励评价方式等。

销售经理必须作好规划，为团队的建设提供正确的发展方向，并且引导销售人员的工作方向。

3. 关心下属的好家长

很多的销售人员背井离乡，四处奔波，一个人在外打拼，遭受到许多的挫折和打击，非常需要一定的关心慰问。如果销售经理能够在生活、家庭、工作上给予销售人员一定的慰问，关心其生活，销售人员一定会非常感激，这是一种激励措施，非常有效。所以说，销售经理要学会充当一个关心下属的好家长。

4. 指导工作的好教练

销售经理的职责包括选拔聘用新人、管理控制业务团队、分析市场形势、制定销售目标和销售策略、观察销售人员的工作、与销售人员沟通、训练销售人员等，这是一名教练员的工作。因此，教练员也是销售经理的一个重要角色定位。

5. 铁面无私的大法官

销售经理一方面要关心销售人员，但是另一方面，在工作上要铁面无私。销售经理必须能够正确评判销售人员的工作，销售人员犯了错误，要及时指出来，要求其改正。

销售经理不能成为老好人、滥好人，不能面对销售人员的工作失误或违纪行为而不管，不能因为害怕失去下属的爱戴而盲目包容。不敢评判下属的领导不是好领导，当有令不行形成习惯，对团队和个人的发展都是有害的。

6. 销售工作的示范高手

在一个新团队中，销售经理应该是一个业务精英，其能力要让销售人员折服，树立一个大家可以学习的榜样。

但要注意，在一个成熟的销售团队中，销售经理的业务精英角色应该淡化，应强化前面五种角色。因为如果销售经理的个人表现太突出，销售人员亦步亦趋，会逐渐扼杀销售人员的创造性，对销售业绩的提高和团队的成长不利。

销售经理要能够避免岗位管理中容易出现的问题，要能够合理分配时间，培养头狼魅力，扮演好自身的角色，这样才能够带领销售团队快速地发展。

CHAPTER 2

如何组建狼性销售团队

狼，具有企业销售人员需要的果敢、耐力以及拼搏精神，更具有销售队伍需要的团体观念。企业的销售队伍应该把自己建设成为具有狼性的团队，在竞争激烈的今天占领一片“狼的领地”。而销售这个“狼群”里的每一匹“狼”都要经过精挑细选，只有这样，才能打造一支“快、狠、准”的销售团队。

寻找优秀的狼性销售人员

一个优秀的狼性销售人员必须具备很多特性，销售经理要根据这些特性，为狼性销售团队寻找合适的人才。

1. 对金钱敏感

销售人员必须对金钱非常敏感，这是一个不变的铁则。爱财的销售人员才能成为优秀的销售人员。

如果你是销售经理，在招聘员工时，问一个应聘者："你对金钱怎么看？"结果得到的回答是："我视金钱如粪土。"你还敢用他吗？答案不言自明。销售工作是和客户打交道，客户交给公司的钱，必须经过销售人员这一关，如果销售人员把金钱当成"粪土"，极有可能把钱拿到半路就弄丢了。并且一个对金钱不敏感的销售人员去和客户谈判，谈拢的价格绝对会低于对金钱敏感的销售人员。

一个销售人员必须热爱金钱，有着强烈的金钱意识。

我在 20 世纪 90 年代时，生活很窘迫。那时我把银行里仅有的三千元钱全都取出来，放在钱包里，我一打开钱包，就可以看见我的全部财产，就会时刻提醒自己，不可以气馁，一定要坚信自己会成功的！我的金钱意识就是这样慢慢培养起来的。

以前的马路边上会有很多卖油画的摊贩，我曾经一次买了十多张描绘钞票的油画，贴在房间的墙上。每天清晨，眼睛一睁开，看到的就是金钱。也许这有点极端，但是这提醒我，我是在和金钱打交道，如何获得更多的客户，赚取更多的钱，这是我必须思考的。

所以说，销售人员要是不喜欢钱，是绝对做不好业务的。选对人比培养人更重要，如果是一个文绉绉的，一天到

臧老师语录：

若是销售人员对金钱不敏感，那么他绝对不可能成为顶尖的销售人员。

晚只会坐在位子上琢磨，完全没有实际行动的人，那么我们想将其培养成精英是很困难的。

所以销售人员的第一个特性，就是要对金钱敏感。

2. 有自我个性

越是优秀的销售人员，越要有自我个性，要略带棱角；越是唯唯诺诺的销售人员，越难成为顶尖的销售人员。

如果一个销售人员有自己的个性，就会有自己的想法，就可以创造出许多个性化的销售方法，不局限于传统，更不会一味地遵循上级的指示去进行销售。但要注意，正是因为销售人员有自我个性，会比较难以管理。

3. 带点自私

这里的自私指的不是销售人员只顾自己而不顾公司，而是指销售人员与公司融为一体，真心为公司着想。

不自私的人很难成为顶尖销售高手。虽然“客户是上帝”是不变的真理，但是在服务客户，付出辛劳之后，必须索取一定的回报。千万不能只付出不要求回报，销售人员绝对不能做雷锋，不能一味地做好事。当然回报不一定是以金钱的形式。我们的付出赢得了客户的好感，客户替我们广泛宣传，这也是一种回报。一个优秀的销售人员要有这样一个信念：自己的付出和回报要成正比。

4. 善于察言观色

为什么有些人非常相信所谓的“算命大师”，那些“算命大师”只用三五句话就可以说中一个人的心理，似乎真的可以洞悉未来，许多人会感叹其高明。但其实许多所谓的算命就是一个察言观色的过程。

试想，一个人满面愁容地去算命，“算命大师”肯定会高深莫测地告诉他：“你身体不适，心中有症结。”这时，若是较为迷信的人就会奉之为神明，认为其未卜先知。其实不然，“算命大师”只是通过观察外表、气色来得出结论，而非真的能够未卜先知。若来者是一个满面红光、气色饱满的人，“算命大师”肯定不会判断其身体不适，而是从喜事入手。

若是从外表判断不出来，“算命大师”会先让其伸出手，这时他就观察每个人伸手时的动作。有的人毫不犹豫地就将手伸出来，“算命大师”就可以从这一动作猜想此人的性格相对豪爽、外向，很 open；而有的人伸手很慢，非常别扭，攥着拳头不肯放，“算命大师”还要掰开他的手掌才能看到掌纹，这时就可以猜想他性格相对内向，非常腼腆或内敛。

这就叫察言观色。

销售人员也要具备察言观色的能力，要时刻观察客户的小动作，不错过客户脸上的任何表情。客户眼神缥缈，四处观望时，很有可能代表他对销售人员的介绍不感兴趣；客户身体前倾，眼神坚定、集中时，则代表他对产品的兴趣较大。如果销售人员发现一个客户脸色发青、嘴唇发白时，最好不要再介绍下去了——这个客户可能是生病了。一个人如果身体不舒服，耳边还有人不停地讲话，就会使他更烦躁，交易多半不能顺利达成。

5. 有果敢的个性

做销售一定要记住一点：要胆大、心细、脸皮厚。

我在讲课时喜欢做一个测试，我会和大家说：“亲爱的伙伴们，不管您做销售的时间是一年、两年，还是五年、十年，在这段时间中，感觉自己的销售水准不错的伙伴请举手。”在这个测试中，举手的往往寥寥无几，但如果我又问：“觉得自己即使有这么多年的销售经验，但是销售技巧仍有待成长的朋友请举手。”这时会发现，举手的人比较多。其实我测试的不是大家对于问题的回答，我不关心答案是什么，我关心的是销售人员举手时的态度，从这个态度中，我可以看出他是否具有果敢的个性。

这和我让现场的学员互相按摩是一样的，如果我让大家举手、鼓掌或者按摩，有很多学员始终放不开，举手时踌躇再三，别人举他也跟着举，别人没动静他也不敢举，或者按摩时扭扭捏捏，一直环顾四周，这样的销售人员胆子小，没有果敢决断的个性，很容易被市场淘汰。而有的学员马上举手，按摩的时候落落大方，这样的销售人员是狼性销售团队的后备力量，能够经受风雨的磨炼，最终赢得胜利。

可想而知，握手、按摩、拥抱都不好意思，连举手都瞻前顾后的人，怎么能把销售工作做好呢？销售人员一定要有果敢的个性。如果你仔细观察，就会发现其实我们的生活中有很多成功人士，都貌不惊人，并且学历也不高，看似没有特别出彩的地方。但是如果仔细去研究，会发现这些人身上都有一个很大的闪光点——胆量比较大。这些成功人士自信心比较强，胆识过人,所以获得了今天的成就。销售人员和销售经理也一样，如果没有胆识，缺乏果敢，那么销售人员很难说服客户，销售经理也很难管理好销售团队。

美国前国务卿鲍威尔说过一句话：“延迟决定往往比作错误的决定对美国政府和人民的伤害更大。”意思就是，如果你一直在犹豫，不能作出果敢的决定，往往会产生比作出错误决定更严重的后果。一个人做一件事，不管能不能成功，首先要敢去干。销售更是如此，当销售人员在和客户谈价钱时，绝对不能犹豫，稍一犹豫，客户就有可能被别的竞争对手抢走。

比如两个人同时喜欢上了一个女孩，其中一个人是行动派，不管三七二十一，马上就采取行动，频繁地给对方打电话，送花。而另外一个人犹豫不决，一直在思考一些问题：这个女孩是不是有男朋友？她喜欢什么样的礼物？她的个性怎么样？要不要先调查一下？结果等他考虑清楚，打算采取行动的时候，这个女孩已经成了前一个人的女朋友了。

这就是“先下手为强，后下手遭殃”，不管做什么事情都要果断地作出判断，不要犹豫不决。不管你是销售什么产品，都会有很多客户，这些客户都非常需要你的产品。但是客户不可能永远等着你，如果不主动联系，主动出击，就会有很多竞争对手跑在你的前头。竞争对手比你早走一步，也许就成功了，你只是晚走一步，也许就失败了。所以说，一定要从一开始就培养果敢的个性。

缺乏果敢个性的朋友，改变从当下开始。很多人会对自己说：“我明天会改的。”这是瞎扯，生活没有明天，改变要从当下开始。所以希望大家要从现在开始逐步培养胆量，在看了本书之后希望您能和朋友相互握手，相互拥抱。放开自己，不拘束，这非常关键。

“做销售要胆大、心细、脸皮厚”，这句话是初级的，第二级别叫“胆大、心细、不要脸”，销售人员一定要从现在开始改变，用“不要脸”的精神去创造一个销售奇迹。

有一个比喻很有趣：我们从事销售工作，要向乞丐学习，学习他们“不要脸”的精神。乞丐每天拿着一个碗，嘴里嘟囔着：“先生，给点吧，给点吧！”他们的内心承受能力很强，即使这个人不给，他们也会锲而不舍地往下一个目标迈进。一般的销售人员都达不到这个境界，如果遭到了几次拒绝，肯定胆怯了。所以说，销售人员要将自己训练到乞丐的境界，而乞丐是什么境界呢？他们不介意别人是给还是不给，如果这个人不给，他会坚持往下要，而且面不红心不跳。

6. 善于赞美他人

第一，赞美客户。

销售是和人打交道的，销售人员要不断地与客户联系，与客户沟通，这时候，就要会赞美。人都是喜欢听好话的，不管一个客户是如何难缠，表面是多么冷漠，听到赞美之后，他或多或少都会产生愉悦感。

但要注意，赞美的方式要因人而异，不能用同一种方式去对待所有的客户。这时候，销售人员就要和狼一样，锁定目标，抓住客户的心理，看准客户的类型，采取客户可以接受的方式进行赞美，为夺下订单作好铺垫。

如果是开朗型的客户，销售人员可以大方地赞美他，话语夸张也没关系，听到这样的赞美，客户会觉得有趣，不会去深究这赞美有几分真几分假；面对沉稳、思考型的客户，销售人员可以针对他的学识、思想进行赞美，可以赞同他的看法，进行附和，这样客户会认为销售人员的想法与他贴近，自然会产生好感；面对冷漠型的客户，销售人员最好不要正面进行赞美，因为客户会觉得这是在拍马屁，会不屑一顾，对待这样的客户，销售人员可以采取迂回赞美，比如赞美他的公司环境、下属素质、子女成就等，这样客户会认为销售人员认同他的眼光，赞同他的处世态度，他会非常高兴。

第二，赞美同事。

从事销售工作的人，经常会被很多客户拒绝和打击。很多销售人员去拜访客户的时候，会遇到客户摆出冷脸，销售人员就会觉得很难堪。如果一个销售人员被拒绝、被打击的次数非常多，这个销售人员的内心就会非常抑郁，他的状态就会逐渐下滑。十几年前我从事过保险销售，那时候的销售非常艰难，我们称之为“扫楼”,即提着包从楼上往楼下,挨家挨户去销售。从前做推销，尤其是做保险的，会被很多人称为骗子，我们是从不断的拒绝和打击中走过来的。那时候，我最渴望的是一句鼓励和赞美。每一个销售人员都非常渴望被别人赞美、欣赏和鼓励。

在我的公司中，我并不是最受销售人员欢迎的人。很多的销售人员非常喜欢公司的副总，原因是什么呢？因为他培养了很好的习惯。每天早晨，这位副总都是第一个到公司，他到了公司之后，不去做别的事情，而是在公司的大门口等待员工的到来。在员工上班的时候他会对每一位员工微笑致意，对他们竖起大拇指，表示赞美和鼓励。他这样做，给予员工很大的精神鼓励。而员工接收到了来自领导者的鼓励，工作会更愉快，业绩也会随之上升。

这就是我从副总身上学到的东西：要学会赞美、鼓励和欣赏你的同事，并且把它养成习惯。

销售人员也要学会赞美同事，在同事遭受挫折时送上赞美或安慰。养成赞

臧老师语录：

从今天开始要养成一个习惯，要学会自我欣赏，同时不断地去欣赏同事。

美的习惯，不管对他人还是对自己，都有好处。销售人员不断培养自己赞美的习惯，公司很快会有一个新的变化和发展。赞美的力量是惊人的。

我曾经在广西建设银行进行培训，培训后有一个聚餐。在饭桌上，许多分行行长手持酒杯，要和我喝酒，我是从来不喝酒的，所以一一拒绝了。但是有一位徐姓行长锲而不舍地一次次敬酒，前面几次都被我拒绝了，最后，他端着酒杯对我说："老师，我觉得这杯酒你一定要喝。"我本想再次拒绝，但是他凑在我耳旁跟我讲了一句话，我听完，脑袋一热，拿起酒杯就喝。这位徐姓行长对我说："老师，我们经常有培训课，大课、小课，天天都是课，十几年了，什么课我都听过，什么老师我都见过，但是说句心里话，今天这堂课是唯一一堂没有让我打瞌睡的课。"我听到他讲了这句话之后，觉得心情非常愉悦，有一种被人认同的兴奋感，一开心，就把酒喝下去了。这就是赞美的力量。

我在一次培训中，曾经邀请某领导上台分享培训经验，他上台分享的过程中经常响起雷鸣般的掌声，其实这也是一种赞美，是隐性的赞美。这位领导后来告诉我，他下台后，半个多小时心情都没有平复下来。所以说，赞美的力量是不容小觑的。

我们必须学会赞美他人，而且要把它变成习惯。

7. 头脑不需要太复杂

销售不以学历论成败，对于销售工作，低学历的销售人员往往比高学历的销售人员上手快。我多年带领销售团队，总结出这样一条经验：大专毕业生做销售做得最好，其次是本科毕业生。我认为一个人的学历越高，思想包袱越大，思维也会受到局限。销售工作就像跑步，一个人学了很多东西，就相当于背了很大的包袱，一旦跑起来，肯定会比没有包袱的人要慢。大专毕业生从事销售工作，会比较得心应手，而本科毕业生或者具有更高学历的人，会做着销售看着管理，不能专一地从事一项工作。所以说，做销售，门槛需要放低。

很多销售经理都认为，头脑简单、整天乐呵呵的人非常适合做销售。如果一个销售人员整天眉头紧皱，事事都思考再三，那么效率肯定很低。而且销售是一个经常会遇到挫折的行业，销售人员有可能遇到各种各样的刁难和责骂，如果思想太敏感，不能释放自身的压力，那么最后就会被压力压垮。如果一个销售人员头脑比较简单，不积存心事，能把压力及时释放，这样的销售人员就可以表现出超强的行动力，即使客户骂他，他也会摸摸脑袋，说："客户在骂我吗？好像没有吧？"

有些工作需要心思缜密的人才，而销售工作则不同，不管是一般的销售人员还是销售经理，考虑问题都不需要太过于复杂，特别是身处一线的销售经理更是如此。

所以，我们要从现在开始使自己头脑简单，听到一个销售技巧，不要总是思前想后，只要觉得有用，认为对自己有帮助，就应该立即把它变成自己的行为、习惯，变成自己的个性，这样的学习才有效果。很多人思前想后，把读书笔记记得非常详细，但是仅仅是记在纸上，一直在思考这些方法是否适合自己，完全没有实际操作，到最后，所有的方法都只能是纸上谈兵。

8. 能把良好行为重复成习惯

要把学的东西变成行为，变成习惯，变成个性，就必须做到不断地重复。

以前在没有手机的时候，大家都是使用固定电话，那时候即使电话没有储存号码的功能，你也可以记住很多朋友的号码。但是现在的手机能存上千个电话号码，自己却只能记住两三个人的号码。这就说明我们不是记不住，而是重复的次数太少。

很多事情也都是一样，只要重复的次数足够多，就自然能够把它变成习惯，变成一种本能。

如果有人询问：每天早晨走进办公室时，你是先迈左脚还是先迈右脚？如果你的答案是左脚或右脚，这个答案绝对不真实。每个人都不会特别去注意这件事，走路是很自然的行为，哪条腿先抬，哪条腿后抬，不会有人去注意，因为你已经把走路这个行为重复了许多遍，它已经成为你的本能了。所以，任何一件事情，重复的次数足够多，它都会变成本能，变成习惯。

有很多人在学车的过程中，教练都教“开车七步”。可是大部分人会发现，当自己学会开车之后，那七个步骤完全不记得了。一个理论反复应用，时间长了就会变成你的行为、习惯和个性，最后融入你的灵魂深处。如果你不能将一个理论变成本能，变成习惯，那么你之前的学习都会反弹。

人脑和电脑是有区别的，电脑剪切、删除、复制只需要几秒钟，而人要培养一个习惯，并不是通过复制、粘贴就可以完成的，必须不断地重复，改变原来不好的习惯，培养新的习惯。但是，人脑有一个最大的问题：很难改变原来的老习惯。所以，人生最大的问题就是“打破老习惯，重塑新习惯”。

每次我问大家：人是什么动物？很多人都回答：高级动物。但我要说：人是习惯性的动物。假如一个人非常喜欢吃辣椒，他不管身处何处，还是喜欢辣的口味；如果一个人喜欢赖床，不管到了什么地方，他赖床的习惯还是改不掉。所以说，销售经理要选择一个好的销售人员作为接班人，一定要记住一句话：迫使他改掉不好的习惯，培养新的良好习惯。

有一次上课，一位女学员坐在前排，当我询问到她的家庭问题时，她站起来礼貌地回答："老师，我结了三次婚。"

听到这个话，我意识到她婚姻并不幸福，于是立刻说："真不好意思，你的情况有点特殊，就不要分享了，我不是有意的，咱赶紧换人吧。"

但是她落落大方地说："老师，没事，您就接着讲，接着问吧。我不介意。"于是我们就继续了，我问："你为什么选择和第一任丈夫分手？"

她说："性格不合！"她这么一讲，台下附和的人很多，觉得性格不合确实容易导致婚姻出现问题。

当说到第二任丈夫的时候，她一脸无奈："还是性格不合，所以我决定快刀斩乱麻，结束了第二段婚姻。"台下大多数人还是表示认同。

我最后问了第三段婚姻结束的原因，她仍表示，性格方面的不匹配导致了第三段婚姻也匆匆结束。这时，台下已经没有了附和、认同的声音，为什么？一个人如果在同一个地方连续犯三次错误，问题到底出在哪里？

原来这个女学员是个女强人，在公司她是领导者，所以回到家之后经常角色转换不过来，“老公，快去做饭！”“老公，端盆水过来！”她经常使用命令的语气在家中发号施令，时间长了，她的另一半自然会有很多的怨言，两人就会产生分歧和纠纷。其实很多事情都是一样的，人是习惯性的动物，很少有人能把自己的习惯立刻改变。可以说，改变一个人的习惯是天底下最难的事情。我们必须不断地重复，用新习惯代替旧习惯，才可以使自己工作更顺利，生活更轻松。

9. 有明确的目标

出租车行业有一个危险定律：司机在没有客人的时候发生交通事故较多，即出租车司机在急切地寻找下一个客人时，往往最容易发生交通事故。根据交通部门统计的结果显示，事故系数居然高达 48.3%。原因是什么？其实出租车司机寻客时发生事故，是由于他的注意力分散，也就是目标不清晰。他急切地寻找下一个客人，就会心不定，而心不定就容易发生事故。

销售人员也一样，如果要避免在工作中犯错，避免发生事故，就要有明确的目标。

第一，制订目标。

销售经理想让团队的销售人员有一个快速的成长，或希望销售人员突飞猛进，就一定要让他树立一个目标。一个没有目标的销售人员，很难有工作的动力，就会缺乏前进的方向。

目标，人人都知道，但是目标的真正作用是什么？你树立的到底是不是目标？目标到底是什么？目标的作用有多大？怎样去制订目标？

我在大学的时候，同学一致认为我会成功，因为我是一个有目标的人。我的目标观念，是从小培养起来的。

我小时候，家庭条件并不是很好，我家有六个孩子，是典型的“超生游击队”。我的父母一不当官，二不经商，在这种情况下，夫妻二人要抚养六个孩子上学，是非常艰难的。但是在这样的环境下，我一直有着自己的目标，就是要改变这种生活。我努力读书，勤工俭学，一直朝着自己定下的方向努力，奔着这个目标而去。最后，我成功了。其实这一切都是因为我有目标，我有自己的梦想，我有自己的野心。

一个人只有短期目标，往往对自己的帮助不大，而长远的目标，会对自己有极大的帮助。简单地说，即目标在短期内看不出效果，但是长期目标会使得你和他人有差别，会发挥一定的作用，有非常强大的威力。

如果有一个人和你并排走路，你每天比他多走一米，短期内看不出差别，但是一年之后，你们就相差了365米，三年之后，你就完全把他甩在后面了。很多人会因为短期内目标没有什么效果，就放弃了，殊不知，只要再坚持几年，就会发现不一样的惊喜。

第二，实现目标。

对于目标来说，有四个词非常重要——拥有，锁死，专注和聚焦。谁能真正做到这四点，那么离成功就不远了。

臧老师语录：

你真的拥有一个目标了吗？

你锁死它了吗？

你专注了吗？

你聚焦了吗？

牛在耕地的时候，如果地面上有草，它会低下头吃一口。但是它低下头吃草，就不能好好干活。如果耕地左边有草，右边也有草，那么牛就会左边一口，右边一口，这就导致牛耕出来的地是弯的。而一般的老农是把草放到牛的前面，使它尽量走直路。

我在湖北的一个农场见到

一个场景：一个老农用竹子编成一个类似望远镜的东西，用布包好，蒙在了牛的眼睛上。我看到之后觉得很奇怪，这是干吗呢？于是我问老农原因，他笑笑说："很简单嘛，给牛戴上望远镜，这头牛就只能看到前面的草，眼前的草就看不见了。"我奇怪："这有什么作用呢？"他给我解释，如果可以让牛看到远方的草，就可以使牛一直朝着前方走，因为往往看得到但是得不到的东西，诱惑力是最大的。牛看到了目标，于是大步地往前走，它瞄准目标并且持续行动，前面的草越多，就越能激发牛的动力。

如果牛看到眼前的草就会很麻烦，眼前的草对牛有一种诱惑力，如果诱惑越多，干扰就越大，干扰一大就容易分散它的注意力，它的工作就没有进展。

其实销售也一样，在销售的路上，诱惑非常大。并且诱惑越多，干扰就越大，注意力也容易被分散。注意力被分散是销售最大的问题。

太阳光什么情况下能够把蚂蚁晒死？只有聚焦能办到。阳光，普天之下到处都有，但是如果不够聚焦，就不可能有强大的威力。换言之，普天之下到处都是能人，但是能够成功的人，往往少之又少。不是这些人能力不足，也不是这些人智商不高，而是他们对于自己的目标不够专注和聚焦。

在今天，很多人往自己的头上“戴帽子”，政治家、小说家、思想家、数学家……这样的人，往往是自娱自乐，在社会上的影响力并不大。真正的大师，头上只有一个“帽子”，他用一生聚焦一个目标，专注于一个目标，在某一个领域成为一个受人尊敬的大师。

有一本书叫《一生只做一件事：推销自己》，是美国前总统小布什的私人顾问阿克·卢斯伯格所著。书中认为，人的一生要专注地做一件事，只有专注才能成功。专注、聚焦、锁死，如果你没有达到以上三点，你的精力一定很分散，有可能导致自己一事无成。

我曾经投资房地产，投资互联网，以前还自己做过管理，经营过公司，但是我现在是讲师，专心致志地做讲师。

对于这个目标，我有一个规划：固定的时间做固定的事情。我要拿出我人生中一部分的时间专门在培训行业拼搏出成绩，我要专注，打造一个完美的结果。

我的规划分为三大步：

第一步，我要让自己在几年内成为一个职业讲师。这个，我很早就完成了。

第二步，我希望自己成为一个全中国排课量最多的讲师。这一步也完成了，我已经成为了全中国排课量最多的讲师之一。现在我一个月可以讲课27天，甚至28天。

第三步，我希望成为全中国最厉害的知名讲师。这一点我还在努力，但是我相信成功就在不远处。

人生是一个不断成长的过程，我的人生也一直不断地在积累。我要让自己锁死目标，一步步地向目标靠近，这样才能够成功。

我一直在“做我所讲的，讲我所做的”。我做事非常有目标，也有清晰的时间规划，这样就可以慢慢地靠近成功这个终点。做任何事情都需要专注，注意力分散是肯定不行的，只有在固定的时间做固定的事情，成功的概率才更大。

我发现很多人在做自己产业的同时，又做了第二个、第三个产业，这样就减少了自己的关注度，降低了成功的概率。

我们一说到格力就会想到空调，一说到格兰仕就想到微波炉。这样的大企业，专注在了一种商品的打造上。为什么格兰仕的微波炉能够占到全球微波炉市场70%以上的份额？就是因为它够专注，够聚焦，只有这样，企业才有长久的竞争力。

不过，由于当前中国的市场鱼龙混杂，因此短期内的多元化经营是无害的，现在可以跑马圈地。但是从长远看，要想真正打造一个百年企业，打造一个有持久竞争力和生命力的企业，毋庸置疑，要专注。

我的公司里曾经有两个员工，一个叫小陈，一个叫小黄。小陈初中毕业；小黄是高材生，毕业于武汉科技大学。

我发现小陈虽然只是初中毕业，文化水平比较低，但是嘴巴很厉害，交际能力很强，稻草都能说成金条，所以我很喜欢他。小黄虽然是大学本科毕业，但是我却对他没有好印象。当时公司每天早晨都要开晨会，在小陈和小黄入职参加晨会的时候，我让员工互相按摩、跳舞来制造气氛，以增强团队的凝聚力。这时我在旁边观察，发现小陈非常积极，但是小黄眉头紧皱，似乎不想参与这样的活动。所以从那时开始，小黄给我留下了不好的印象。

可是后来事实证明，小陈和小黄的发展与我当初的印象是相反的。小陈在入职九个月的时候，业绩非常棒，我也很喜欢他，很想提拔他做经理。但在我还没有提拔他之前，小陈就先向我提出一个要求："臧老师，我想辞职。"我惊讶地问原因，小陈推脱地讲了一大堆理由，最后我没有把他留下来。但是反观小黄，在公司起步非常慢，到了第三个月才开始逐步地开单，直到四五个月之后才开始慢慢地往上爬，像老牛拉破车一样，慢慢往前耗。我当时真的很想将他辞退。但是最后我发现，小黄熬到一年半的时候，完全具备了做经理的能力，他的业绩已经慢慢地熬到了经理的水平。到了第三年，他成为了我的销售总监。而到了第五个年头的时候，他已经拥有了公司的股份，成了公司的股东。

而小陈每一年过节的时候总要给我打一个电话，抱怨自己的命运不顺，抱怨公司不好，四年中，他已经换了五个行业。

从事销售工作的都知道，换行业对于销售来说等于从零开始。因为不同的产品，它的销售方式不一样，客户群也不一样，整个销售思维更是不一样。所以说，小陈在这几年中，完全是从零开始，完全没有累加任何的经验。而小黄非常专注，他在我的公司专心地工作，不左顾右盼，虽然刚开始时起步较慢，但是，他的专注使他最终获得了成功。

第三，避免习惯性放弃。

不管从事什么工作，做什么项目，处于什么岗位，一个人只要能把心沉下来，就可以坚持。并且一旦选择了，就绝对不要后悔，也不要轻易动摇，咬牙坚持，三年就可以变成优秀员工，五年就可以变成精英，八年就可以变成专家。一个人真正能够坚持三年、五年甚至八年，他就可以在一家公司成长为一棵参天大树。

公司可以给予员工三条路：第一条路就是在公司里成长起来，一飞冲天；第二条路，在公司好好干，最后被别的公司挖走；第三条路，成为公司内部的一棵参天大树，最终把领导者的位置夺过来。领导者心胸要宽大，假如员工真的想一飞冲天或另谋出路，领导者绝对拦不住。

但是很多员工却没有走这三条路，他们在公司里插科打诨，得过且过，对于有难度的项目总是习惯性地放弃，还没开始就已经说："不行，我做不到。"这样的人占着资源但是却不肯行动，对于公司来说很可怕。因为这种员工会浪费公司的资源，并且他的得过且过思想会影响一大群人，最终使得员工散漫，公司的业绩下滑。

所以我认为，不管员工成材后是走还是留，起码他对公司是有贡献的，领导者忌讳的应该是居其位不谋其职的人。而员工既然身处这个职位，就应该全力以赴地工作，这既对得起自己，也对得起公司，进而能达到双赢。

曾经有一个老总和我分享他的创业史，他说以前他生产小孩玩具，在深圳已经做了12年。12年前，深圳只有几家玩具工厂，他是其中一家，但是现在深圳有二百多家玩具工厂，竞争非常激烈。

他说完自身的情况之后，对我说："老师，我现在想把玩具生产先搁置，做第二个我认为前景很好的项目。”我问他为什么不继续玩具生产行业，他叹了口气，回答说：“竞争力太大，太激烈，并且员工向心力不够，积极性不高。”

听到这里，我给了他一个建议，我说：“做任何一件事情都要永远记住一点：要以点突破，点点突破，一个点都没有突破，谈何全面突破呢？”

这家玩具公司的突破点其实就在员工身上。如果一家公司的员工向心力非常强，那就会有不一样的效果。而员工的向心力和进取精神往往都和公司的领导者有关系。任何一个领导者想把公司做大、做强，都要翻十座山，突破十个瓶颈。但是很多的领导者突破到第三、第四个瓶颈的时候，就放弃了，他们会搁置前一个项目，重新开始，但是第二个项目如果遇到问题，他们又会将其放弃。久而久之，就会变成习惯性放弃。

医学上有一个名词，叫“习惯性流产”，指的是孕妇多次连续自然流产。这不仅和孕妇自身的身体状况相关，也和她的心理状况联系非常大。如果孕妇高度紧张，压力过大，就会造成内心的恐惧，以致身体状况也变差。习惯性放弃也一样，第一次遭遇挫折，人的内心就会遭遇强大的打击，往后出现同样的挫折时，会导致内心压力骤增，会不自觉地再次选择放弃，这是人生最大的悲剧。

所以说，销售经理只有了解狼性销售人员常出现的问题，并且能够掌握优秀的销售人员需具备的素质，才能甄选出适合团队的成员，才能够打造出一支优秀的狼性销售团队。

正确处理有问题的员工

组建狼性销售团队，除了甄选有潜力的销售人员，还要剔除不合适的人。销售人员在平日的工作中会出现各种各样的问题，对待这些“问题员工”要慎重，仔细区分，能改善的要全力改善，不能改善或者屡教不改的要坚决剔除。销售人员容易出现以下问题。

1. 业务技巧不熟练

业务技巧不熟练经常表现为销售人员销售动作的混乱。

若是销售经理让销售人员单独与客户进行洽谈，自己在一旁观察，经常会发现这样的现象：有时客户已经有明显的成交信号了，但是销售人员还在滔滔不绝地介绍产品；有一些客户根本没有成交意向，销售人员还在拼命尝试成交，最后破坏了公司与客户的关系；客户仅仅提出了一项需求，销售人员就盲目地把价格报出去；客户仅仅想了解产品，销售人员就把全部的产品资料都给出去；销售人员根本没有针对客户的需求来介绍产品，彼此没有成功“对接”；等等。这就叫销售动作混乱。

销售人员混乱的销售动作会给客户留下不好的印象，客户会认为销售人员不专业，最终会影响交易的达成。

产生此问题的原因一般有三个：

第一，缺乏系统训练。销售人员不明白销售流程，不熟悉销售技巧。这不仅仅是销售人员个人的问题，也是公司的问题，公司缺乏系统训练也会造成销售动作混乱。销售人员没有经过系统的训练，只能自己摸索销售工作，自然会导致业务不熟练。比如一个客户踏进商店门口，销售人员的“欢迎光临”应该用什么语气来说？如果语气太过于热情，会吓到客户；但如果缺乏热情，又会使客户产生不被尊重的感觉。这就要求企业有针对性地对销售人员进行训练。

第二，缺乏可操作的流程。如果公司缺乏一个系统、适用性强、可操作的流程，比如没有针对销售步骤、工作流程、关键环节进行控制，不能针对销售人员的工作进行指导，也会导致销售人员业务不熟练。

第三，销售经理缺乏后期的岗位跟踪。即使公司前期对一个销售人员进行了培训，但是将他放到工作岗位之后，我们仍然会发现培训和实际操作之间的差别。理论培训和实际操作不可能完全匹配，在实际操作中会遇到大大小小的问题，而这些问题在培训中可能会被忽略。这就要靠销售经理在岗位上不断辅导销售人员，不断进行提醒。如果销售经理缺乏后期的岗位跟踪，就会导致销售人员在实际工作中出现问题。

这类销售人员，如果加以培训，是可以变为可造之材的。销售经理主要是要分清原因，若是公司缺乏系统训练和可操作的流程，那么销售经理要及时上报，让公司重新调整培训战略，完善工作流程；如果是缺乏对销售人员的岗位跟踪，销售经理可以在一些日常的工作中对销售人员多加观察，在发现问题的时候进行及时指导。比如一个销售人员在办公室给客户打电话，销售经理可以留意他的应对是否得体，表述是否到位。如果销售经理听到销售人员打电话的感觉明显不对，作为直接主管，销售经理应该及时辅导并且更正。如果这时是休息时间，销售经理还可以将其他的销售人员聚集到一起，再次模拟打电话的情境，请大家仔细聆听。当电话再次重复之后，大家肯定会听出其中的不足，销售经理可以顺势进行集体教育。这也叫随时教育，随时进行岗位跟踪。

所以说，不管公司的培训有多好，流程做得有多细致，销售人员的实际工作始终会和公司的要求有差别。销售经理应该在岗位工作中不断地提醒、监督销售人员，随时对其进行雕琢，这样销售人员才会慢慢成长，慢慢地趋于完美。

其实这就是销售经理的工作——将一个销售新手慢慢雕琢。不仅要雕琢销售人员的言行举止，更要使得他们把每一个细节都落实到位。这样才能培训出一个优秀、成熟的销售人员。

由此可见，如果公司和销售经理缺乏这三项工作，销售人员就极容易出现业务技巧不熟练的现象。如果公司的工作非常到位，销售人员就会变得业务纯熟，成为销售行业的精英。华为公司就是一个典型的例子。

> 华为公司的销售人员在进入公司之后要经过长达半年的训练。大学毕业生进入华为后，会统一到华为商学院上课，接受为期七个月的严格密训。华为公司对于培训，是下了血本的。很多人从华为商学院一出来，会有种被洗过脑的感觉，他们会高喊着“生是华为人，死是华为鬼，我子子孙孙为华为”的口号为华为公司工作。并且，接受了七个月密训的华为员工对于业务可以很快上手，完全没有生疏感，完全不会存在混乱的销售动作。这非常厉害，华为公司能够成为中国数一数二的公司，是有一定道理的。

而大部分的销售公司，招入一个销售人员，一般只有三天的公司培训，培训之后立刻上岗。比如公司招进来一个人之后，就马上交给销售经理，“我们公司刚进来一个小伙子，刘经理你带着吧”。大家应该很清楚，销售经理有时候非常忙，哪有时间去培养新人？所以一般他们都是把资料往新员工面前一放：“小李，你自己看看，三天之后自己去找客户吧！”这样根本不算培训，新来的销售人员懵懵懂懂地看完了一堆资料，一知半解，再往战场上一站，纯属一个活靶子，等于自找死路。

一个没有经过严格训练的员工，其实是企业付出的最大成本，并且对于刚入职的员工来说，这也是一个最大的伤害。销售人员在公司的前三个月是生存期，如果没有经过严格的训练就把他放到市场上，他只会受尽折磨，最后有可能就会跳槽，在公司“生存”不下来。很多的销售人员都撑不过三个月，这样的结果对于企业和销售人员来说，都是时间和精力的双重浪费。大公司的核心竞争力普遍较强，管理较为严格，机制比较健全，较少出现这种情况。而小公司则会频繁地出现员工跳槽的现象，就是由于公司缺乏系统训练，流程混乱，管理者也不重视培养、跟踪新人。

综上所述，业务技巧不熟练是销售人员普遍存在的一个问题。企业要对新销售人员进行系统的训练，建立一个可操作的流程，销售经理也要对销售人员进行后期的岗位跟踪，防止销售人员频繁地出现销售动作混乱的现象。

2. 懒散疲惫，漫不经心

懒散疲惫是非常可怕的，它能够像瘟疫一样，很快地在整个队伍中蔓延。如果一些成熟的销售人员出现懒散现象，更容易导致团队业绩的动荡，因为他们不仅承担了团队绝大部分的业绩，还会影响团队中的新手。

什么叫懒散疲惫？懒散疲惫又称为管理动作不配合，主要有以下几个表现：

第一，销售工作上的懒散疲惫。有时候销售人员上班后，磨磨蹭蹭了几个小时才出去见客户，或是找借口从客户那里提早回来，见到客户并与其交谈的时间非常短。销售人员工作不认真，没有全身心地投入工作，就会导致工作业绩不佳。

第二，言行举止懒散疲惫。平时工作消极，总是一副吊儿郎当的样子，衣着不整齐，姿态不端正，精神松懈并且行动缓慢，对人、对事都漫不经心。这些都是言行举止懒散疲惫。

第三，不配合管理工作。办事拖拉，参加晨会总是迟到，该交报表却迟迟不交，不配合公司的管理工作，这也是懒散疲惫的表现之一。

一个员工最容易被他人感染和影响，很多销售团队的懒散会像病毒一样传染。但销售经理要注意一点：销售人员有生存期、成长期、成熟期三个发展阶段。在这三个阶段出现的懒散疲惫现象有各自不同的指向，销售经理要认真进行判断，不可混淆对待。

生存期，即新员工进入公司之后的半年。如果公司刚招入一批新员工，这批员工在半年之内就普遍出现了懒散疲惫的现象，则说明公司的机制不合理。企业领导者必须意识到：公司的机制必须进行调整。

成长期，即员工进入公司之后的一年时间。如果公司招入一批员工，发现这批员工在工作九个月前后，集体出现了懒散疲惫、吊儿郎当的现象，那就说明公司的文化不过关。

成熟期，即员工进入公司一年半左右的时间。这个时期销售人员的懒散疲惫最为普遍，但是如果一批员工在公司工作了一年多才出现懒散疲惫，则说明公司的机制比较合理，文化也是比较健全的。

有人会问："老师，为什么公司的机制和文化都比较健全，还会出现懒散疲惫的现象呢？"其实这是很正常的现象，销售人员就是这样，若是进入一家公司，面对一个产品时间比较久，他就会本能地出现疲惫现象。所以说，在成熟期出现懒散疲惫现象，销售经理就要审视其严重程度。如果这种现象很严重，那么公司就要更加重视机制和文化的建设，使其更加完善；如果懒散疲惫的现象不是很严重，则说明这家公司还是不错的，可以不用大刀阔斧地进行改革。

销售经理不仅要从机制和文化上入手，还要对症下药，针对不同的员工分析其产生懒散疲惫现象的原因，解决问题。对于懒散疲惫的员工，销售经理不能一味地责备他们，可以从以下几个方面入手：其一，适当刺激。销售经理可以在物质和精神两方面刺激销售人员，使其重拾工作激情，这样可以适当地缓解懒散疲惫的现象。其二，使销售人员产生动力。销售经理要向销售人员分析行业前景，使他们明白自身的发展方向，使他们自己树立目标，产生长远的战斗力，缓解懒散疲惫现象。其三，转移注意力。某些销售人员之所以懒散疲惫，是因为缺乏新鲜感，觉得工作没有挑战性，对于这些销售人员，销售经理可以转移他们的注意力，可以让他们开发新区域，或给他们分派更广阔的销售市场，重燃他们的斗志。

3. 变成队伍中的“鸡肋”

对于销售队伍，有一个有趣的说法是“能者走，劣者汰，庸者留”。也就是说，有本领、有想法或者想挣钱的销售人员都会辞职，能力很差的销售人员随着考核早晚会被淘汰，而那些工作能力一般的销售人员往往会留下来。

这些“庸者”就是销售队伍中的“鸡肋”，食之无味，弃之可惜。鸡肋型销售人员往往就守着底薪，看上去也在工作，但是工作缺乏创造力，没有激情，工作能力非常有限。

在公司中有很多“鸡肋型”销售人员，他们每天到公司，就坐在电脑屏幕前，一天到晚对着电脑，时间到了他们就下班。这样的销售人员不是来拿提成的，他们是来领出场费的。

很多的销售人员在一家公司待的时间长了，就会慢慢变成“鸡肋型”人员。他们最开始的激情在一天天的工作中早已消磨殆尽，但又有一定的销售经验。对于这样的人员，公司往往很头疼，辞退他们太可惜，留下他们又浪费资源，会陷入两难的境地。

其实如果发现这样的人员，销售经理可以采取下面的方法：

第一，进行指导。“鸡肋型”销售人员并非完全的平庸，他们有一定的能力，只是没有找到合适的销售方法。销售经理可以对症下药，一针见血地指出他们的缺点，并且找出症结所在，与销售人员一同寻找解决方法。

第二，进行沟通。部分的销售人员之所以会变成团队中的“鸡肋”，是因为思想上的懈怠。他们对工作缺乏激情，没有动力。销售经理可以和他们进行沟通，适当给予他们精神和物质上的鼓励，刺激他们的工作热情。

如果这两种方法都不能使“鸡肋型”员工转变，他们依然故我，那销售经理只好忍痛割爱，免得他们影响其他人。

4. 狐假虎威，拉帮结派

很多公司都有这样一群人：倚老卖老，各自为政，形成小帮派、小团伙，他们眼中没有公司，更没有公司文化和形象，只有各自的利益。

为什么公司会有这种狐假虎威、拉帮结派的现象呢？谁敢干这种事情呢？我认为有以下几种员工敢在公司拉帮结派：

第一，和老板一起摸爬滚打，打江山的人。这些人仗着自己是“元老”，所以会漠视公司的规定，倚老卖老，敢和公司一般人员对着干。

第二，和老板有特殊关系的人。和老板有关系的员工，比如有同学关系、战友关系、夫妻关系、亲属关系等，这样的员工通常认为自己有倚仗，靠山大，所以会出现拉帮结派的现象。

第三，老板身边的红人。通常老板都会较为信任身边的一两个下属，而这样的人往往就是老板身边的红人，他们最容易出现拉帮结派的现象。

第四，公司中的销售明星。销售明星会有这样的通病：自我陶醉，认为自己是公司本领最大的人；自高自大，认为公司的业绩完全是自己一个人干出来的；不满现状，往往存在“我这么辛苦，又有本事，公司给我的太少了”的思想。由于他们存在这样的问题，因此会导致他们拉帮结派，搞山头。

所以，销售经理要密切地监控以上几种人。我认为王石有几句话很值得我们学习，他说："你越相信的，就越要检查；你越栽培的，就越要检查。"这非常有道理。因为大家往往会发现这样一个现象：经常犯错的都是公司里的能人、红人、老员工或者和领导者有特殊关系的人。并且这些人犯的错误都不小，出现的问题都比较大。这时候领导者便会左右为难，骑虎难下：如果把这些人解雇，会在公司造成动荡，因为他们已经结成了一个小帮派；不解决这个问题，只会让炸弹埋在自己身边，不知道什么时候会爆炸。随时检查，密切监控，才能防止他们在公司中由于自我膨胀而拉帮结派。

5. 走私单，带走客户

这个问题在一些中小型企业里尤为突出。在销售产品的核心竞争力或者是企业的核心竞争能力不是很好的情况下，销售人员带走客户的现象尤为严重。

员工为什么走私单？为什么能够走私单的，往往都是很有经验的"老油条"？那是因为"老油条"对公司已经摸透了，他们对公司的政策、渠道以及漏洞都非常清楚，知道从哪儿可以钻公司的漏洞。如果一家公司经常性地出现走私单的现象，就会造成严重的后果，并且说明了公司的文化和机制有问题。竞争力较差的公司，出现走私单的现象比较多。如果你的公司频繁地出现这种现象，你就要问问自己，公司的制度和文化是不是不够好？管理是否太松散？就需要重新审视公司的管理制度。

但是有一点必须注意：销售团队的管理不能太严。如果销售团队的管理太过于严厉，不允许销售人员犯任何错误，经常在公共场合批评销售人员，惩罚超出销售人员可承受的范围等，都会导致下属的压力过大，有可能会产生反叛心理，也有可能会使其信心全无。对销售团队管得太严，就会把公司管死了，完全不管又不行，所以销售经理要把握好其中的“度”，制定出适合团队发展的规章制度。

防止销售人员走私单、带走公司的客户，其关键点在于公司的管理机制，公司的领导要制定出和销售团队发展相匹配的销售管理制度。如制订月销售计划，做好每周销售报告、每月工作总结，并且重视客户拜访记录等。这样进行管理，可以增加新销售人员的纪律感，也可以加强对老销售人员的约束，从而降低销售人员走私单、带走客户的可能性。当然对个别情节严重的，要严肃处理，甚至辞退。

总而言之，以上几个问题最终会导致销售团队的业绩动荡。业绩动荡的典型表现是：当销售人员成功签下大订单后，会情绪高涨，非常激动，其销售业绩能一鼓作气涨到很高；当市场需求萎缩时，销售人员的积极性受挫，情绪低落，并且将这种气氛蔓延到整个销售团队，销售业绩大幅下滑。

很多的销售人员不能维持平稳的销售业绩，和他们自身的心理素质也有关。若是心理素质强的销售人员，不管市场环境如何，都能以良好的心态和客户交流，很好地推销自己的产品；心理素质非常弱的销售人员，会因为一时的挫折闷闷不乐，走不出困境，最终会将自己绑死在困境中。

所以销售经理要清楚销售人员存在的问题，只有对症下药，才可以维持销售人员的积极性，提升团队业绩。同时也要对销售人员进行观察，对确定不适合做销售人员的，要妥善处理，去粗存精，以保证狼性团队的战斗力。

CHAPTER 3

狼性销售团队如何开展工作

狼群在草原上，要团结一致，观察周围的情况，使自己适应环境。狼性销售团队也一样，必须跟上时代的脚步，转变自身的思路，使自己适应市场大环境，只有这样，才能取得最终的胜利。

转变销售思路

为什么计划经济是上门买，市场经济却要出门卖？为何国外的直销到了中国后就变成了传销？因为，做任何一件事情都要与时俱进，如果不了解时代的变化，就不能跟上时代的脚步。所以，在新时代，我们要转变销售思路，做销售别做推销，要带着狼性思维跟着时代的步伐走。

1. 做销售，跟着时代走

春节联欢晚会是每年春节的大事，但是近年来，观众对春晚日渐冷淡，认为春节联欢晚会一年不如一年。但我认为，其实每一年的春节联欢晚会都有进步，不管是舞台的设计还是科技的应用，都比前一年要好。那为什么观众还是不满意呢？因为不管春节联欢晚会进步的速度有多快，都不如老百姓欣赏艺术的水准提高快。这两方面一对比，观众就会产生“春晚一年不如一年”的感觉。

做销售也是如此，销售人员的成长速度非常快，对于销售知识的掌握程度也远远高于从前，但是为什么销售还是不如从前好做呢？那是因为客户也在成长，并且他们成长的速度也不慢，甚至超越了销售人员。销售人员学习怎样把产品卖出去，提高产品价格，而客户在学习如何压低购买价格；销售人员学习如何提高自信心，客户在学习如何把销售人员的自信心打压下来。所以销售人员一定要与时俱进，给自己提出更高的要求，使自己的成长速度快于客户的成长速度。

下面我分析一下新中国市场发展的四个时代（见图 3-1），从而分析销售市场的发展趋势，分析未来销售的走向。

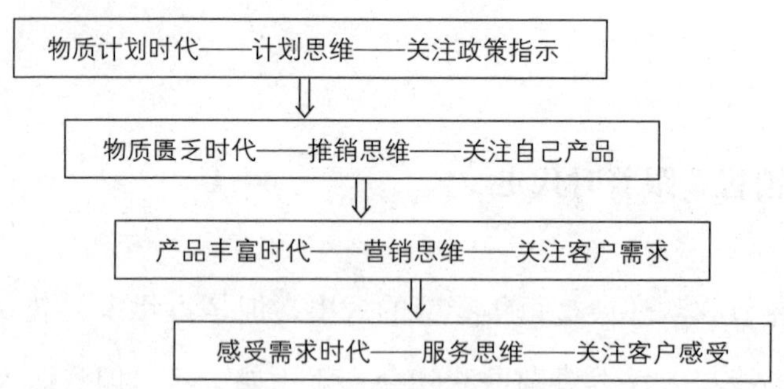

图 3-1　市场发展的四个时代

第一个是物质计划时代。即中国的20世纪70年代，当时中国处在计划经济时代，那时的商家要将自己的产品卖出去，只需不断关注政府的政策，就可以保证产品的销路。所以当时也没有所谓的销售人员，仅仅有供销员。那个时代的思维是计划思维。在计划中，让你卖多少你就卖多少，让你买多少你就买多少。

第二个是物质匮乏时代。改革开放之初，产品开始自由买卖，商品可以自由地流向市场。不过相对今天而言，那时的产品还不丰富，所以还是处于卖方市场，即卖家说了算。这时候商家不需要过度关注客户对于产品的需求，只需要关注产品的质量以及性价比。此时商家存在的典型的推销行为，就是看卖产品的人的口才，看谁最会忽悠。

第三个是产品丰富时代。随着时代的发展，中国市场上的产品越来越丰富，竞争也越来越强。原本的供不应求，逐渐变成了供过于求，由原来的卖方市场变成了买方市场，这时候，是买家说了算。此时商家要想把自己的产品卖出去，就必须不断地关注客户的需求。随着时代不断地变化，这个时代的销售人员，也要与时俱进，不但会讲、会说、会忽悠，还要想方设法把客户吸引过来。因为在这个时代，任何一个地方，都有销售同样商品的竞争者。就比如四大银行，往往走几步就有一家，人们把钱存在哪一家，看的是哪一家有吸引力，看哪一家工作人员的服务态度好。这时候，不仅仅看销售人员会不会讲，还要看其会不会吸引客户。

第四个是感受需求时代。2008年之后，世界性的金融危机席卷全球，中国的产能提前过剩，很多行业进入到了高度竞争的年代。此时，商家的思路一定要清晰，要认识到，此时卖产品已经不能仅仅关注客户的需求了,要开始关注客户的感受。

世界在不断地变化，商家从一开始的只关注政策，转变为关心自己的产品品质，再到关心客户的需求，到现在关心客户的感受，是一步一步地走向了人性化。

2. 别把营销当推销

推销思维和营销思维，很多人搞不清楚，会觉得这两种思维差不多。其实不然，这两者之间有着本质的区别。广义上的营销包含着推销，并且我们在生活、工作中所讲的营销，大部分都与推销不同。可以说，推销是为了将自己的产品卖出去，而营销是为了使自己的产品更好卖。

例如男性追求女性，可以运用推销思维，也可以运用营销思维。推销思维，指的是双方互动，男方陪女方吃饭、看电影、逛街，给女方买鲜花、买礼物……这个男性做这些事情，为的是极力把自己推销给女性，这就是运用推销思维。而营销思维完全不一样，双方互动的过程中，男性不一定要把自己全部的精力都放在女性身上，他可以把部分精力放在自己身上。具有营销精神的男性，会想方设法让自己拥有更高的资历、学历和头衔，购买房子、车子等硬件设施，努力提升自己，增强自己的实力，最终将自己的魅力散发出来。这样可以吸引女性，从而形成更好的互动。所以说，推销思维和营销思维有着区别，推销注重的是推，营销注重的是吸，可以说是相反的。

3. 客户的感受最重要

马斯洛认为人有五大层次的需求。第一层需求是生理、生存的需求，第二层需求是安全需求，第三层需求是爱和归属的需求，第四层需求是尊重的需求，第五层需求是实现自我价值的需求。前两个需求是物质层面的需求，后三个需求是精神和心理层面的需求。现在许多人的物质需求都得到了满足，就产生了更高的需求，开始关注精神和心理层面的需求。

现在很多人手上戴着价值不菲的名表。手表的功能，最初仅仅是为了报时，但是在今天，很多人戴手表并不仅仅是为了报时，而是有了更多的原因：有人为了获得身份感而购买手表，有人为了具有前卫感而购买手表，有人为了追求个性而购买手表……他们不在乎手表是否能给自己提供分秒不差的时间提示，而是追求手表戴在手上给自己附加的价值。一个西装笔挺的成功人士，手上戴的绝对不会是一块电子表，他的手表，多半是为了彰显自己的身份，报时反而成了附带的功能。

现在的衣着也一样，20 年前，人们穿衣服是为了保暖蔽体，样式和颜色是次要的。但是在今天，衣服的款式层出不穷，颜色五彩缤纷，更多年轻人追求的是穿出个性、穿得时髦，追求前卫感。同样是衬衫，稍带设计感的衬衫绝对比纯白色的衬衫卖得更好，因为大家现在更追求精神上的享受。

部分老年人不能认同年轻一辈的价值观，认为东西实用就好，其实是没有与时俱进。时代在变化，作为从事销售行业的人，大家更要跟着时代进步，应该灵活地看问题，不断解剖自我，不断满足客户的感觉需求，关心客户的感受。

关于客户的感受，销售人员可以从两方面进行考虑：第一，产品的品牌。很多人买产品都很重视品牌，电影《大腕》曾说："不求最好，但求最贵。" 这句台词也可以表达成："不求最好，但求最有名。"这充分说明了一个现象：客户非常注重品牌。当今社会，很多人买东西追求的是感觉，追求的是心理上的满足，品牌效应非常值得关注。第二，工作人员的服务态度。服务态度也包括服务精神，销售人员要想满足客户的感觉需求，服务精神一定不能忽视。销售人员要有为客户服务的意识，树立为客户服务的精神，这样，客户对产品的印象会更好，销售人员才能吸引更多的客户购买产品，留住客户的心。有一句话我非常认同——客户往往是因为服务人员的服务态度和服务精神来买我们的产品的。

很多人都有过这样的经验：在一家商店看到一件衣服自己非常喜欢，但是导购员对自己爱理不理或者说话水平很低，就会让自己对这件衣服的印象大打折扣。如果这家店的隔壁有一件一模一样的衣服，虽然比这家店卖得贵，但那家店的服务态度非常好，很多人会更愿意去那家店购买。这是为什么呢？归根结底，是因为人们开始追求购买的感觉了。所以说，客户买东西，除了产品能给他带来一种尊贵感之外，人员的服务也能给他带来受到尊重的感觉，这些都是非常关键的。

4. 既要“推”，又要“吸”

任何一家公司的销售都具有两个过程：吸的过程和推的过程（如图 3-2 所示）。其中，“吸”是属于策划部门的，“推”是属于销售部门的。换句话说，要想创造吸引力，企业可以从两个方面进行：

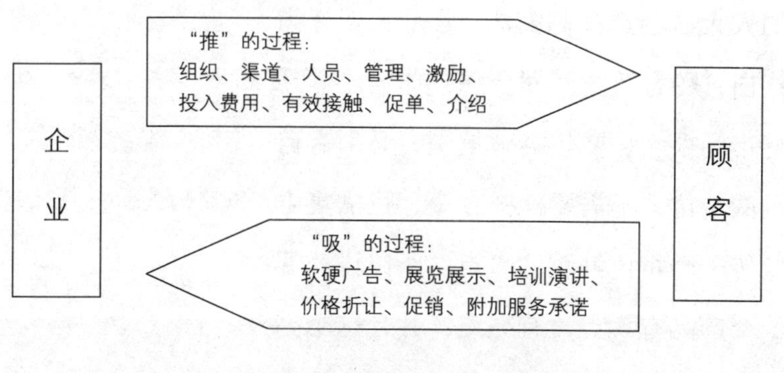

图 3-2 企业的“推”和“吸”

第一个方面是产品的卖点，第二个方面是销售人员的工作状态，即产品的策划和推销。在这两个方面来创造吸引力，对企业销售产品很有帮助，千万不可偏废。

臧老师语录：

不能光记着推销，而不去做营销；不能光靠销售人员，而不在产品身上下功夫。

在20世纪90年代，中国知名的牙膏品牌只有两个，中华和两面针，顾客只有这两个选择。可是今天的牙膏市场，竞争异常激烈，牙膏品牌数不胜数，顾客的选择非常多。在超市中，众多品牌的牙膏排成一排，哪一个能被顾客选中，就要看其自身的吸引力了。比如今天一个人的牙齿吃了酸的东西就疼，那么他可能会买冷酸灵，因为它的广告正好符合牙疼的症状；而希望牙齿坚固、防蛀的人大多会选择高露洁；若是希望牙齿洁白，顾客第一时间会想起佳洁士。牙膏市场很大，要想突破重围，必须有自己的定位，不需要样样齐全，只需集中宣传一个特色鲜明的亮点。所以说，哪一个产品有卖点，有亮点，并且这个亮点正是顾客所需要的，那么顾客自然会被它吸引。一个商家要想自己的产品卖得好，就必须给自己的产品进行定位，使其有一个独特的亮点，有一个与众不同的卖点，把顾客吸引过来。

再来看看现在发展飞快的宝洁公司。宝洁公司生产的几种洗发水，其宣传口号都不一样。飘柔，卖的是柔顺；海飞丝，卖的是去屑；潘婷，卖的是滋养。其实口号是喊出来的，飘柔未必就不能去屑，海飞丝也并非没有滋养功效，但是宝洁公司有针对性地将它们进行区分，大力宣传其不同的功效，使得顾客将功效等同于产品。这就是宝洁公司高明的销售策略。所以说，产品有没有亮点，市场定位专不专注，对一家公司来说非常重要。

销售人员以及销售经理要了解销售的职责，销售的一项重要工作是通过销售人员的工作表现和工作行为吸引顾客。销售人员不直接生产产品，不直接开发产品的性能，他们要专门研究如何吸引顾客，更好地销售产品。

销售人员要达到这样的境界：让顾客相信，让顾客喜欢，让顾客依赖，让顾客离不开销售人员，这是销售成功的关键。如果做到了，就说明销售人员的工作做得非常到位；如果做不到，则说明销售人员仍要继续努力。

现在从事销售工作，业绩是否稳定，靠的是大客户。大客户如果稳定，那么销售的业绩基本稳定。只有企业的产品有足够的吸引力，大客户才会选择与企业合作，产品的吸引力是最关键的。所以，一个企业的领导者，一定要头脑清晰，找准关键点，突破重围。

5. 带着狼性这把剑上战场

未来企业最大的竞争优势，就是“狼性”。我认为狼性销售在未来的五年到十年，对企业来说还是不可或缺的。

有些公司产品品质不是最好的，但是却能卖向全中国，有些公司产品质量非常高，但是却“足不出户”，这样的例子比比皆是。比如，华为公司就说自己是“销售三流的产品，运用一流的团队来进行运作，最终卖出二流的结果”。而有些公司拥有高质量的产品，却销售不出去，主要是因为他们的运作中缺乏一支有影响力的狼性团队。

在市场中，一定要带着狼性。狼，具有敏锐的观察力，擅长伺机而动，具有锲而不舍的耐力。销售人员在销售中要带着这样的狼性，才能够冲锋陷阵，所向披靡。

“忽悠”这个词曾经红遍大江南北，那时人们非常推崇“忽悠精神”，提起销售，人们都会说：“做销售，嘴皮子功夫不能省啊，嘴巴一定要能讲才行。”但其实现在从事销售工作，能讲只是一个方面，能不能问、会不会问，能不能听、会不会听才是关键。在今天，销售人员想把客户说服，其实要让客户多讲，自己耐心地听。

销售人员要从现在开始转变思路，带着敏锐的观察力，如狼一般伺机而动，不要沉不住气。要尽量多听客户说，多询问客户的需求，自己少说。很多人做销售，往往都失败在说话上，有可能因为废话太多，客户不愿意再听他诉说下去。

其实倾听也是一种礼节，卡耐基曾说过："如果你希望成为一个善于谈话的人，那就请先成为一个乐意倾听的人。"销售人员已经不能像20年前一样，滔滔不绝地把客户说晕了，现在的客户需要得到尊重。尊重，可以从他人的倾听中获得，适当的倾听，可以使客户得到心灵上的满足。顶尖的销售高手，往往都是倾听的高手。

只会诉说的销售人员和懂得倾听的销售人员，往往在销售中会得到不一样的销售结果。

有一个老太太想去买一台电视机，她到了商场，进了一家电器专卖店。

左看看，右看看，老太太也不清楚电视机的功能和品牌，于是就问："你们这有什么适合老年人的电视机吗？"

一个销售人员连忙上前招呼："您来看看这台，这台电视机是23英寸的LED电视，采用LED技术背光源，可以大大降低家庭日常电费开支，也可以为环保事业作出贡献，还拥有广色域高画质，您看，这造型还可以令家居更时尚、更光彩呢！”

老太太一听就晕了，连忙说：“我也不清楚这个，我的眼睛不太好使，你看……”

话还没说完，就被销售人员打断了：“这款电视机最适合老年人了！您看，这款电视机采用了……明显可以将画质提升到新的层次，您看，色彩多鲜艳，摆在家里最显档次啦！还有……”

销售人员滔滔不绝地说了半个多小时，老太太最终还是没有购买这台电视机。她走到了另外一家电器专卖店。

“您好，您有什么需要吗？”销售人员上前询问。

“我想买电视机。”老太太回答。

“您这边请。”销售人员将老太太领到沙发前坐下，沙发前面是一台台闪烁着的电视机，接着问：“您对电视机有什么需求呢？大小、价钱有什么限制吗？”

“哦，我就是眼神不太好，想要一台适合老年人的电视机。”老太太坐下之后，看了看面前的电视机。

“这样的话，可能大屏幕的电视机比较适合您。那价钱方面呢，有限制吗？”销售人员继续问。

“价钱啊，倒是没什么，我家老头子也说随便我挑。”老太太顿了顿，看到销售人员听得很仔细，兴致勃勃的样子，于是又继续说："唉，你也知道，儿女都不在家，我们老两口没什么事情做，晚上就看看电视……"

就这样，老太太絮絮叨叨地说了一大堆自身的琐事，说完才意识到："哎呀，拉着你说了这么多，不好意思啊，你看着推荐一款合适电视机给我吧！"

于是，这一个销售人员没怎么说话，就卖出了一台电视机。

这就是倾听的力量。

西方人认为，上帝之所以只给了人一个嘴巴，却造了两个耳朵，就是要人多倾听；中国人也经常用"多说多错，少说少错"这句话来形容话多的害处。"听"在当前的销售中，是占有主导地位的，如果一个销售人员废话连篇，极有可能到手的订单也会飞走。

很多人都看过电视连续剧《刘老根》。

《刘老根》里面有一个角色叫"药匣子"，他经常提着个包跑到旅馆里卖治不孕不育症的药。如果是一般的销售人员，在卖出产品收好钱之后就可以立即消失了。但是药匣子把药卖给了别人，也将200块钱收好了，还继续废话连篇。

买药者:“大伯，你家里还有谁啊？”

药匣子:“没有谁了，就我们两公婆。”

买药者:“哎呀，你没有子女吗？”

药匣子:“没有啊！”

买药者:“你自己都没搞定，都不能生小孩，还卖这样的药！”

最后的结果是买药的人把那200块钱又要了回来。

这就是废话连篇，不懂销售的结果。很多销售人员都像药匣子一样，废话太多，导致失败。

如果在晚上，一个人站在路灯下面，另一个人站在旁边的草丛里，肯定是草丛里的人能够把路灯下的人看清楚。其实做销售也一样，销售人员要想把客户搞定，就要让客户站在路灯下，了解客户的需求，并且要意识到，客户对自己的了解是越少越好。如果自己的产品有八个优点，没有必要一次就将八个优点全都告诉客户，若是客户听到前三个优点就做下了购买决定，那销售人员完全就可以在这时候完成交易。若是销售人员仍继续阐述后五个优点，则会给客户更多的思考时间，有部分客户就极有可能推翻自己之前的决定，再做考虑，最后这款产品就没有卖出去。

所以说，我们要进行逆向思维，即当我们处于卖方市场时，就必须要关注自己的产品，要具备推销思维；当我们进入到买方市场时，必须关注客户的需求，要具有营销思维；等到我们进入了产品高度竞争的时代，就要关注客户的感受，要具有服务思维。生产关系必须适应生产力，企业要具备竞争优势，就要强化带有销售思维和服务思维的推销行为，建设一支强大的狼性团队。

所以最后汇总成一句话：将来我们的竞争优势，就是需要打造一支既带有营销思维，又带有服务思维的销售团队，并且最重要的一点是需要带有狼性。

■ ■ ■ ■ 狼性销售增添三大流

以前企业注重的是产品流和资金流，销售人员只需要将产品卖出去，实现资金回笼，其工作就差不多完成了。随着市场进入营销年代和服务年代，销售人员进行销售不仅仅是“卖产品”了。现在还要在产品流和资金流的后面增加三大流，即信息流、信用流和情感流（如图 3-3 所示）。

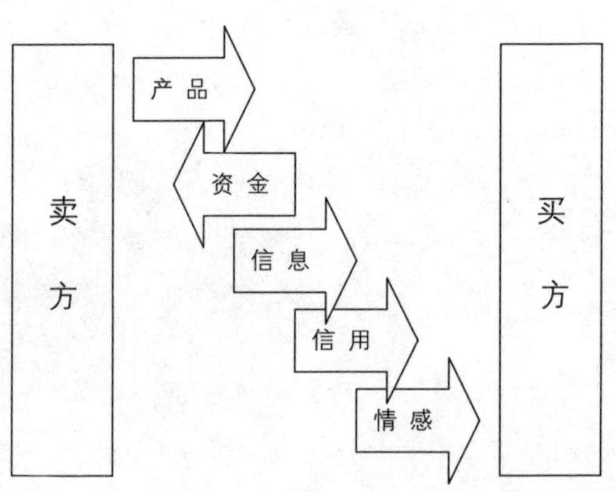

图 3-3　销售五大流

为什么要增加三大流呢？我们来探讨一下。

1. 信息流：快餐时代，我们要快

销售人员应该做到双向沟通，将信息搜集回来，即做好信息流。销售人员要及时与上级进行沟通，也要把客户的需求、看法、意见及竞争对手的情报等信息搜集回来。

今天的社会，各行各业都有一个很大的特点——快，做什么事情都要快，否则就会被淘汰。如果一家公司在市场上的反应速度比较慢，那么这家公司很快就会被竞争对手超越，最后只有退出市场。所以慢是很可怕的，慢一步也许就会错失一个订单，慢一个小时也许就会失去一个大客户。微软公司的实力雄厚，可以说是软件巨头，但是这么大一家公司，却坚持扁平化管理，将公司的管理尽量设为三级，就是为了能快速解决问题。而我国很多的国企，五六级管理比比皆是，所以说，我国的企业与外国的企业相比，总是慢了一步。

曾经有一个企业的经理和我说，他们公司买一台打印机，审批下来必须 14 个人签字。这就会导致公司的反应速度非常慢。如果是加急文件，还需要 14 个人签名，那么这家公司肯定会被市场淘汰。当前许多公司的普遍现象是：

销售人员了解市场但是没有决策权，领导者有决策权但是不了解市场，这就导致信息传递会有时间差，传递速度慢，效率低。所以领导者要记住：公司内部信息的传递速度一定要快，领导者可以适度放权，加快处理速度，赢得宝贵的时间。

宝洁公司有一个不断自我颠覆的机制，公司上下的信息沟通非常快速，自我变革非常及时。公司要求每个部门、每个岗位的每一个人都要在自己的工作岗位以及自己的职责内，发现问题，分析问题，提出解决方法，并且每个月都要定期向直接领导反馈情况。这是一个很好的机制，保证公司上下沟通畅通。

宝洁公司采取这种机制，有两个好处：首先，通过不断自我革命，自我颠覆，一直保持前进的势头；其次，基层的人可以把信息及时地反馈给上级，加快决策的速度。

宝洁公司曾经有一个销售人员，公司领导给了他很多的指标。所以他经常动脑思考这样一件事：如何迅速地完成指标？后来，他总结出来，要想完成指标，除了把原有的业务项目做好之外，还要开拓新的渠道、新的市场。这个销售人员偶然发现了一个新的市场。他经过观察，总结出：其实理发店使用洗发水也非常多。以往宝洁公司的产品都是在超市或者商场销售，理发店就是一个新的市场。于是这个销售人员直接把这个想法告诉了上级，建议公司针对理发店市场进行开发，公司很快就接受了他的建议。

这个销售人员开发了宝洁公司在理发店领域的市场，理发店使用洗发水，其中的利润空间比超市更大。宝洁针对理发市场专门生产了超大号的洗发水特供包装，在理发领域销售得非常好，打开了一个竞争对手未涉及的领域，利润率比以前提高了30%。此后许多日用品厂商也纷纷效仿，进军理发店领域，但是仍不能动摇宝洁公司的领头羊地位。

这就是信息反映及时带来的利益，在其他人没有反应过来的时候，先思考的人往往能获得先机。信息的畅通不可忽视，获得多方面的信息也非常重要，所以说，信息流要强化，并且最后要汇总信息流，将其落实到方法上。

如何让销售人员进行反馈呢？企业可以在管理销售的日报表、周报表或月度总报表上，设置一个反馈区，让销售人员把市场信息、客户信息、市场需求信息以及竞争对手信息进行及时反馈。一个人的信息反馈，可能会有所偏差或者失真，但如果每一个销售人员都把市场信息、客户需求的最新动态以及竞争对手的变革这些相关信息不断地反馈，就可以得到较为全面、真实的信息了。尤其是对于“竞争对手一直在促销”这样的敏感信息的反馈，领导者必须高度重视，要重新审视、了解整个市场，迅速进行决策，这样才能促进公司的发展。

2. 信用流：有信用才有稳定

信用流指的是企业的销售人员与客户的采购人员彼此信任，建立一套完整的信用管理体系。在今天要想把市场做大做稳，取决于大客户销售的稳定。市场越发展，就会变得越专、越精、越细化，所以要想把自己的业务稳定下来，就要稳定属于自己的客户，最好可以把自己和大客户捆绑在一起。

维系好大客户，信用问题是关键。销售人员必须注意信用，要不断地去培养和客户之间的信用感。信用流是新时期销售中不能忽视的一个重要部分。

3. 情感流：感情是要培养的

情感流，指的是企业和客户交往时，真正能够影响交易的是双方的关系和情感。塑造良好的口碑和影响力，促使客户持续地购买企业的产品或服务，这是销售队伍的核心目标。

稳定大客户，要靠大客户的关系管理，而大客户的关系管理靠什么？当前稳定大客户，需要跟随时代的脚步，与时俱进，调查客户的喜好，然后投其所好。

W公司和Y公司是竞争对手。每当Y公司的销售人员陪客户吃饭时，W公司的员工就会尾随，等到对方将醉醺醺的客户送回家之后，W公司的销售人员就会去敲客户的门。

“您好，我是W公司的小刘。”

“哦，小刘啊！不好意思，我喝过了。”

“王总啊，喝了正好，我们再出去蒸个桑拿，出了一身汗，胃就舒服了。不然明天您上班有可能会头痛，影响工作啊！”

可以想象，客户对哪个销售人员的印象最深。

所以说，我们要对客户进行仔细分析。当前的社会已经和以前大不相同，我们要适应社会的变化，跟上市场发展的脚步。要想与客户进行情感交流，加强双方的纽带关系，不能仅仅靠吃、喝、玩、乐，一定要增加几个服务：第一是情感化服务，第二是差异化服务，第三是特殊化服务，第四是售前服务。新时代的销售人员要想成功，就必须学会运用情感化、差异化、特殊化以及售前化。

希望所有从事销售工作的人员都能把这四点记下来，并且想方设法把它们变成自己的行为，绝对不要总是挂在嘴上，却毫无行动。

相信大家都吃过山东的煎饼。

有一个客户和我说：“我妈妈非常喜欢吃山东煎饼，但是现在她回东北老家了，很难吃到正宗的山东煎饼了。”他说这句话时，声音很低沉，情绪也不高。当客户讲话声音变低、变慢的时候，就说明他的内在有一种需求，我需要敏锐地捕捉到他的需求。于是，我将这一信息点记了下来。

在中秋节时，别人给客户送礼，都是清一色的月饼。而我却没有跟随大流，我让朋友从山东带回一大包正宗的山东煎饼，送到了客户家。

“刘总，虽然现在是中秋节，但是上次偶然听到您说您的母亲很爱吃山东煎饼，我就托人从山东带了点真空包装的山东煎饼回来。虽说中秋节要吃月饼，但我觉得，这煎饼不是月饼，却胜似月饼啊！您可以给您母亲寄过去，希望她老人家会喜欢。”

客户收到煎饼，非常感动，他觉得收到了一份最棒的中秋节礼物。

感动客户，这就是情感化和差异化。

我非常强调差异化，因为我们进行服务的真正目的是为了感动客户，让客户在感情上觉得亏欠我们。客户欠我们越多，就越不好意思不使用我们的产品，即使他自己不购买我们公司的产品，也会给我们介绍新客户。

我们总是听到“服务”二字，但是很多人都不知道服务的最终目的是什么，其实服务就是为了感动客户。如果公司的服务非常普通，就不会产生差异性，因为我们的竞争对手也会这样做。最后所有的公司都是请客户吃饭、喝酒，客户就会毫无感觉，不会认为你的公司和别的公司有区别。

如果想感动一个人，就要记住：不管什么人，内心深处都有一个敏感的地方，你只要做一点小事，就可以让他感动，甚至泪流如雨。关键是你必须花时间去捕获客户的敏感处。

小刘刚开始从事销售工作，他的上司就给他派了一个任务：把产品卖到某公司。但是那家公司采购部的王总是一个铁面无私的中年男人，小刘所在公司的销售前辈不管用哪一招都打通不了关系。

但是小刘没有被前辈的失败吓倒，他一直搜集着王总的相关信息，想从中找到一个突破点。结果某一天，有人和他说了一个消息：王总喜欢某种东西。

小刘一听，顿时觉得非常惊讶，原来王总居然喜欢收集飞机模型！一家公司的采购部负责人居然喜欢小孩子的玩具，这谁也想不到。而且他还打听到：王总很想收藏一套绝版的飞机模型，但是一直遍寻不着。

听到这个消息，小刘突然意识到：他可以从这方面着手！于是，他四处打听这套绝版飞机模型的消息，网络求购、托朋友打听、在市场上寻觅……但是他用了各种各样的方法，都没能在市场上找到这套飞机模型。

在他非常失望的时候，却突然看到有人在网上贴出该飞机模型的照片。几经周折，他联系到了这套飞机模型的拥有者，但在他向对方提出购买意愿的时候，却遭到了拒绝。小刘没有放弃，一次次上门请求，终于用真诚打动了对方。小刘买到了这套绝版飞机模型。

当小刘将飞机模型送到王总面前时，王总非常惊讶。

“天啊，这套飞机模型我找了几年了，一直没有找到，你是怎么找到的？”王总又惊又喜，摸着飞机模型爱不释手。

通过这套模型，小刘与王总建立了深厚的交情，最终，小刘成功地将产品销售给王总的公司，打开了销售的大门。

这就说明，销售人员必须对症下药，运用情感化、差异化、特殊化来感动客户，不要千篇一律，否则很难在新时期销售中拔得头筹。

应如何开展销售

1. 销售要找对路子

当前销售团队经常使用的与客户接洽的方式有：洽谈，推销会议，销售联谊会，现场展示会，销售专题研讨会等。

这都可以归纳为以下三种销售模式："一对一"的销售模式，"一对多"的销售模式和"多对一"的销售模式。后两种模式是未来进行销售的重点模式，是将来销售行业的推广模式。

销售工作就是要开拓市场、开发客户，以前多使用"一对一"的模式，这种模式非常简单，只需要一个人提着包，拜访客户，进行一对一的接待就可以了，但是这种模式已经不能满足新时期销售的需求了。我们现在做销售，就一定要往别的方向去发展，其中一个方向就是"一对多"。"一对多"也可以表述为卖产品。比如，我讲课也是在卖产品，首先，我把所有的客户召集起来，以一个专家的身份一次性地进行讲解，然后一次性成交。这就是“一对多”销售模式。

有人可能会问：“臧老师，你的课程采用这种销售模式，是比较适合的，但是我们的大产品，要怎么卖呢？”其实大产品也可以“一对多”地进行销售，只是大产品不一定现场成交。大产品销售，可以集中客户，进行一次性讲解，并且在讲解后跟进客户，确定意向，最终促成交易。

另外，对于大产品销售，我们虽然不能现场进行刷卡，完成交易，但是销售人员千万不能大意，要随时记录客户的意向和要求，形成备忘录。备忘录应该分成A、B、C三个不同的级别，将不同的客户归为不同的类别，针对不同的类别设计不同的销售模式。例如，成交意向较大的客户，销售人员可将其归为A级，时时跟进，将交易尽快落实；有点兴趣，但需要考虑的客户，可归为B级，销售人员可事后将产品的介绍手册寄过去，激发其兴趣；而意愿较小的客户，销售人员可将其归为C级，进行适当的取舍。

很多大产品是通过展览的形式进行销售的。有很多公司参加展览，会产生这样的抱怨：“那个展览的质量根本不过关。”什么叫展览的质量不过关呢？其实就是由于展览期间，公司展位前非常冷清，没人光顾。其实，有时候并非展览有问题，而是公司展销的方法不到位。

参加展览，并不是租一个柜台进行展览就可以了的，那仅仅是最简单的一步。一天之内来参观展会的客户可能有一万、五万甚至是十万，公司进行展览的目的，就是尽量多地把那些人吸引过来。把参观者吸引过来之后，就要进行下一步：把他们留住，使他们逗留的时间尽可能地长，这样公司就可以对他们进行“洗脑”了。那么，我们应该如何去操作呢？

首先，公司的展位要尽量做到差异化，与其他的展位形成对比，把人们的目光吸引过来。其次，展位前的工作人员要和客户聊一聊，谈一谈，不能任由客户自己浏览。再次，公司要在展览馆租用一个会议室，若是客户有意向，就应该将其送到会议室，与销售人员进行更深层次的交流。最后，若是在交流中，销售人员发现客户兴趣非常浓厚，就可以请出销售经理与客户洽谈。

“多对一”的销售模式也叫团队作战。地产公司的销售人员经常采用“多对一”的销售模式，客户进了售楼中心，他们就会几个销售人员一起上，你一言我一语，一搭一唱地将客户“说晕”。说得夸张一点，其实“多对一”就是相互配合，把客户的钱包翻空。

从事销售工作，要记住销售的三种模式，在不同的场合运用不同的销售模式，才能占领销售市场。

2. 时而要快，时而要稳

在销售工作中，时而要快，时而要稳，这就产生了效率型销售和效能型销售两种销售模式。这两种销售模式有所区别，也存在共同之处。

天底下所有的销售团队都不外乎是这两种类型。顾名思义，效率型往往比较提倡勤奋和速度。简单地说，效率型销售就是指成交金额比较小但成单速度比较快的销售，某些交易只需要一两个星期就可以完成，并且不需要很多人经手。所以说，但凡成交速度比较快，订单金额比较小，成单环节比较简单的销售都属于效率型销售。而成单的时候参与人数比较多，交易要经过客户方老总的决策，工程部和采购部都要发表意见，多个部门集体参与，订单金额动辄几十万、上百万，甚至上亿，这种销售叫效能型销售。

效率型销售与效能型销售的区别如图 3-4 所示。

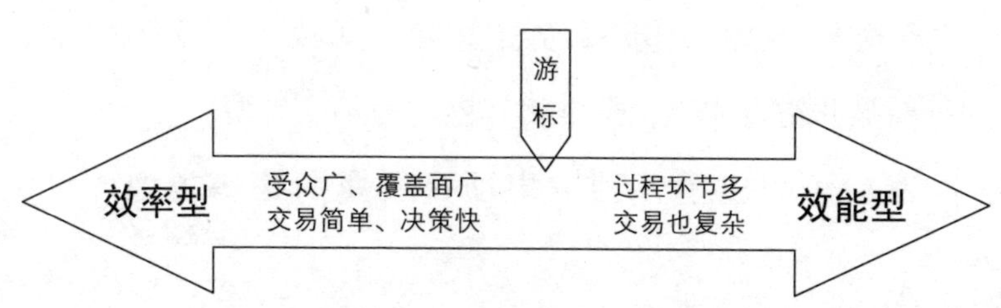

图 3-4　效率型销售与效能型销售的区别

效率型销售：这种销售模式，要求销售的覆盖面一定要广，拜访的客户数量要大或者次数要多，这样才能产生良好的销售绩效。如个人寿险的行销，就要求销售人员充满激情地去做。

效能型销售：这种模式的销售，过程环节比较多，拜访的复杂程度也比较高。如工业用品、大型系统解决方案或大型的设备，或相关服务的销售过程都有比较多的环节，价值一般也都比较高，而账款周期也都非常长。

所有的销售形式都不是绝对的效率型，也不是绝对的效能型，有很多的时候都是鉴于两者之间，若要判断，就要观察这次销售主要偏向哪一边。

一般的商场里，会有很多柜台，他们卖鞋子、卖服装、卖美容产品，这种销售方式属于效率型销售。而某些卖保健产品的公司采用的销售模式也属于典型的效率型销售。建筑公司的原材料供应、公司电脑的批量采购等，都属于效能型销售。

而很多产品的销售不好界定其偏向，例如系统软件的销售，这种商品非常有弹性，很难将其界定为某一类型。

表 3-1 列出了各种销售项目所属的销售类型，可供参考。

表 3-1 各种销售项目的销售类型

销售项目	销售类型
柜台式推销家用电脑	效率型
向行业用户批量地推销笔记本电脑	效能型
向电信运营商推销系统解决方案	效能型
个人寿险的行销	效率型
水处理设备的销售	效能型
中国移动集团的集团客户工作	效能型
高档别墅群的销售	效能型
系统软件的销售	较难界定
针对某面粉厂推销食品添加剂	效率型

有一个对联非常有道理，上联是“听话照做绝对服从”，下联是“销售收款绝不手软”，充分总结了效率型销售的特点。

听话照做，即效率型销售人员要严格按照公司的制度行事。其实效率型销售团队和军队有点类似，军队里睡觉、吃饭、穿着都是固定的，而一些效率型销售团队，如卖保险的、卖房产的、卖服装的、卖鞋子的……这些团队都要求员工衣着统一、发型统一、做事统一，其管理比较军事化，其实这是为了整体风格的统一，为了让客户有更舒适的购物享受。例如某些连锁服饰品牌店的销售人员需要统一着装，穿上本品牌的服饰，这样既可以使客户便于识别店内的销售人员，也可以制造品牌效应，让客户形成既定印象，以后一看到这样打扮的人员就可以想起这个品牌。所以销售人员不要问“为什么”，不要想别具一格，要严格按照公司的规定去做。这就是“听话照做绝对服从”。

效率型的销售团队，一定要做到这一点，因为我们要把基础的标准流程、标准步骤、关键点全部掌控，并且将这些信息全部放到每一个基层销售人员的脑子里，刻到他的骨髓深处。只有做到“听话照做绝对服从”，才能保证后续的“销售收款绝不手软”。正因为效率型的销售团队往往成交速度很快，很多情况下做的是“一锤子买卖”，所以做决策一定要干净利落，绝对不能拖泥带水。

臧老师语录：

听话照做绝对服从，

销售收款绝不手软。

什么是“销售收款绝不手软”？

效能型销售靠的是与大客户的长期、稳定的合作，所以绝对不能急功近利；但是效率型销售不一样，今天客户在这里买了一双鞋子，明天会不会再买，这很难说。一般来说，在效率型销售中，虽然客户以后购买的可能性依然存在，但是短期的重复购买一般较少。所以说，效率型销售相对于效能型销售，弹性更大，成交速度更快，只要客户产生了一丝购买欲望，我们就可以立即让其产生购买的行为，促成交易，立即把钱收回来。

比如房地产公司的销售人员让客户下定金的速度就很快，他们的手腕非常厉害。他们知道，很多客户做决策时，都是非常感性的。曾经有人认为，客户购买产品时付出的金额越小，做决策时越感性。但是后来经专业人士研究发现，即使客户购买产品的金额较大，甚至是购买上亿元的产品或项目，其做决策时也是感性的，特别是买房子更是如此。

房地产公司的销售人员会发现这样一个现象：今天有一个客户看了一套房子，非常满意，自己也认为这个客户肯定是要买这套房子的，结果客户回家之后，他的妻子说了一句反对的话，就把他原本的购买意愿抹掉了。这说明了一个问题：销售中，客户能不能作出决定，往往就在一瞬之间，如果销售人员错过了那个时刻，就会产生非常大的变数。在发现客户对房子非常满意后，销售人员应该慢慢引导，让客户作出购买决定，签订合同，下定金。因为已经下定金的客户和没下定金的客户也是完全不一样的。

如果一个客户非常满意一套房子，但是最后没签合同、没下定金，回家之后和妻子说起房子时，妻子说：“哎呀，老公，我跟你说，那个房子很不好。我有很多同事都买过，都说不好。”

这个客户就会有这样的反应，“啊？真的假的？那个房子这么不好啊！那就算了，反正我没交定金。”

这个客户再回头购买房子的可能性几乎为零。

但是签了合同、下了定金的客户会有不一样的说辞，他会和妻子有以下的对话。

“老婆啊，我买了个房子。”

他的妻子一听，就说：“哎呀，老公，那个房子很不好的，我们同事……”

听到这样的话，交了定金的客户一般会这样回应：“你懂什么！你那些同事根本不知道那个房子好在什么地方。”

所以说，很多时候并不是销售人员有多厉害，而是要看客户有没有签字，这是最关键的地方。如果一个客户已经交了定金，在别人质疑他的做法时，他不会轻易改变自己的想法，而是要想方设法证明自己的决策是对的。效率型销售人员尤其要掌握这一点。

效率型销售的产品，相对而言金额较小，客户承担的风险比较小，速度比较快，并且参与人较少，有时仅仅是夫妻两个人就可以作出决定。所以对于效率型销售而言，应该做到干净利落，一招制胜，销售手法要快，要狠。

某房地产公司的销售人员带着客户看了一套房子，对于这套房子，客户非常满意，但却表示要改天再签约。

“李先生，改天签约是可以的，但是您最好先交定金。”

客户推脱说：“哎呀，我很满意这个房子，明天我一定来签约。定金就不用了吧？”

“李先生，有了定金，双方都放心啊，您可以保证这个房子不会被别人捷足先登，我们也不用去找别的客户，您觉得呢？”

“不会吧，哪有那么快被人抢走啊！明天来得及的。”客户还是不太情愿。

这时候，销售人员拿出了一个本子，翻开给客户看，说：“李先生，您看，在您之后还有人预约了来看房子，我们都有记录的，您如果没有交定金，我们很难保证后面的客户不会把房子买走啊！”

客户一看，确实有人要在自己之后看房子，于是他想了想，决定把定金交了。

这个销售人员的销售水平非常高，干净利落，毫不拖沓，在客户犹豫时，将一个可以刺激客户的消息说出，推了客户一把，使得客户干脆地付钱。这就是典型的“销售收款绝不手软”。

效率型销售和效能型销售有区别,但是也存在着共同之处。

第一，最终目标一致。

效率型销售与效能型销售的第一个共同点，是两者的最终目标都是为了促成销售业绩的最大化，或者是为了达成销售指标程度的最大化。

第二，行为关键点都是为了目标。

效率型销售与效能型销售的关键点都处于最接近目标的状态。

效率型销售要求销售人员重复地做销售动作，效能型销售要求销售人员每天都要创新，都是为了达成目标。

第三，都尽力追求成熟的管理风格。

成熟的管理风格有两种：一个是“形整”，另一个是“神聚”。所谓“形整”，指的是整个销售部门，所有人的销售动作都非常整齐。这种风格往往是效率型所追求的。所谓“神聚”，则是指销售部门看起来有些零乱甚至有些散漫，好像缺乏章法，其实每个人都很有创造力，每个人脑子里想的都是如何把客户搞定，最终实现目标。效能型销售更加适合这种风格。

所以说，销售团队属于哪种销售类型，就要采用合适的销售方法，这样才能对症下药，提高销售效率。而不同的销售类型也会存在不同的管理风格，我们会在下一章对效率型销售及效能型销售的管理风格进行详细分析。

CHAPTER

4

如何管理狼性销售团队

头狼要管理好狼群，这样它们才能够相互配合，才能够成功地猎取到食物，才可以继续在竞争激烈的草原上存活。狼性销售团队也一样，销售经理要管理好团队，制定管理铁律，针对不同的销售人员采用不同的管理方法，留住真狼。这样，销售团队才可以在激烈的市场竞争中不被淘汰，并且越来越强大。

狼性销售团队的管理铁律

1. 管理不能心慈手软

在销售管理中，管理行为越理性、越严格，就越能产生长远的工作绩效。

正所谓慈不养兵，情不立事。销售经理要严格管理，不可以太过于心软，这样才可以培养出一支有行动力的狼性销售团队。

如果销售团队的成员遍布全国，甚至分布在全世界，这样销售经理应该怎么进行管理？其实看似管理不到的那些销售人员，可以采取以下几种方式进行约束：一是管住他的心；二要让他产生警戒性，即明令禁止。例如销售经理要明示，哪些东西绝对不能碰，一旦销售人员碰了，销售经理就绝不能手软，要让他担负起后果。一定要记住，要想起到杀一儆百的作用，就千万不能草草了事，更不能大事化小，小事化了，装作看不见。因为销售人员多半分散在全国各地，特别是效能型销售人员更是如此。假如某一次效能型工作人员犯错误，而销售经理没有及时严惩，那么以后这种犯错误的风气就会蔓延开来。

所以说，一旦出台一个制度，就必须绝对执行。特别是在一些中小型公司，一旦松懈，这个制度往往就失效了，并且还有可能造成公司所有的制度都跟着松动。这是企业管理的自然规律。

臧老师语录：

制度要么不出来，一旦出来就一定要执行到位。

人们常说“慈母多败儿”，管理销售人员，不能做一个“慈母”，不能放任销售人员成为销售中的“败儿”。

一个母亲很溺爱自己的儿子，不管他有什么要求都尽量满足，不管他做了什么错事都不舍得责骂。有一次，这个儿子偷偷地拿了家里的20块钱去买彩票，而这个母亲发现后，完全没有责备，在沉默中，这件事就这样过去了。后来，50 块钱、100 块钱、200 块钱……这个儿子越来越肆无忌惮，心里想：既然妈妈也没骂我，那我就继续拿钱去赌吧！最终，这个儿子成了一个赌徒，赌的金额越来越大，一直伸手问父母拿钱，而家中的资金也越来越紧张。后来，这个儿子变卖了家中所有的资产去赌博，这对宠溺孩子的父母最终也无家可归。

这就是放任的后果。

其实销售也一样。当销售人员犯了很小的错误时，销售经理就要开始警告他，这样才能避免这个销售人员犯更大的错误。如果销售人员不断地犯小错误，而销售经理总是让他得过且过，就有可能导致严重的后果——某一天这个销售人员就会由于警惕意识不足，犯了一个不可原谅的大错误。而这时销售经理再给他警告已经来不及了，只能进行严厉的惩罚。这就会产生一系列连锁反应，因为过于严厉的惩罚会导致销售人员产生不良情绪，甚至有可能会觉得销售经理没有人性，对公司灰心，最后离职。

销售经理要记住这一点：在销售人员犯小错误、有一点小症状的时候，要及时地进行警告，防微杜渐。并且要做到三点：第一，严格执行公司的政策和制度；第二，制度要么不出台，一旦制度出台就必须执行；第三，团队管理，要针对销售人员所犯的小错误进行警告，要从小事开始管，这是非常关键的一点。

有一个美国的地产大亨出过一本书，他在书中提到过自己创业时的一个故事。

当时这个美国人的手下有5个员工，加上他，这家公司才6个人，规模非常小。

一天他们在开会时，有一个员工迟到了，这已经是他第4次迟到了。而他们公司有一个明确的规定：迟到超过3次的人，公司就会毫不留情地辞退他。照理说，若是一般的员工，这家公司把账一结，请他离开，是可以理解的。可偏偏迟到4次的这个员工，是公司的销售精英，他个人的业绩占了公司业绩的60%。这个人对于公司来说是异常重要的。若是辞退他，公司就有可能损失60%的营业额。

如果遇到类似的情况，绝大多数领导都会灵活处理，或将其当成特殊情况来对待。但这样处理，将会留下巨大的隐患，这个美国人也深知这一点。

所以，他看着这个销售精英，摆摆手："你也清楚我们公司的规定，一个员工如果迟到3次以上，就可以走人了。所以你现在去结算一下工资，直接走吧！"

这个销售人员惊讶地看着他："老板，你是认真的吗？"

他很失望地摇摇头："我们规定的制度难道还有假吗？"

最后这个销售人员只能无奈地收拾自己的物品，准备离开，走到门口的时候，销售人员仍不敢相信这是事实，回头问："老板，公司60%以上的业绩都是我创造的，你真的要赶我走吗？"

这个美国老板丝毫没有动摇，坚定地说："不管你的业绩是60%还是80%，按规定，迟到4次就得离开公司。"

最终，这个销售人员离开了公司。

但是，就是这样一件事，使得这家公司创造了一个奇迹。在第二年的时候，这家公司培养出了12位和离开的这个销售人员一样厉害的人。

为什么？其实很简单，这个美国老板当时"砍掉"一个销售精英，是"砍"给剩下的销售人员看的。他就是想让留下来的人有这样一种感觉：老板的原则性很强，他会一碗水端平，绝对不会厚此薄彼。

就是这样，留在公司的这些销售人员看到了希望，并且更加遵守公司的规章制度。这家公司就慢慢地进入了正轨，最终这个老板成为了美国的地产大亨。

在一家公司中，如果人员越少，员工就越会有恃无恐，认为老板不敢辞掉他。这时，老板对于违规者，一定要敢于动真格，这样其他剩下的人就会认真遵守公司制度，老板也能够更好地进行管理。

臧老师语录：

越是小公司越要舍得“砍”人，越是小公司越要正规化。这就叫“小公司要像大公司一样管理”。

公司越小越要严格管理，公司越小越要敢于“砍”人，因为随着小公司的不断壮大，原本的员工都要变成公司的元老，要变成公司的管理人员，他们要带好新进员工。有模具才能做出茶杯，如果模具不合格，依照模具生产出来的所有茶杯都会是不合格产品。而老员工就像是公司内部的模具，如果老员工不遵守公司规章制度，那么他们带出来的新人都会对规章制度熟视无睹。如果从一开始公司没定好规矩，以后再定规矩就会非常困难。

所以说，慈不养兵，情不立事。销售经理不能做“慈母”，要严格管理，才能培养出销售精英。

2. 距离产生管理美

距离产生美，所以上下级要保持一定的距离。如果销售经理与销售人员过分亲密，就很难运用管理手段进行控制。

很多人认为一个销售经理必须和销售人员打成一片，不管在工作还是生活中都要与销售人员保持亲密的关系。但是我认为这样的观点有偏差，上下级的关系要处好，但是也要保持一定的距离。

销售经理要能够全面地看问题，什么时候要打成一片，什么时候要保持距离，一定要能把握好度。我认为，在工作的时候上下级要打成一片，越是一些正规的场合就越要表现亲密。尤其是一线的销售主管，一定要在工作场合和员工打成一片。而什么时候需要保持距离呢？根据我的经验，在以下三个场所，上下级要保持距离。

（1）在娱乐场所要保持距离

效能型的销售人员在进行大项目的工程销售时，经常要请客户吃饭。我曾经和日本的销售人员在一起工作，我发现一件有趣的事情：一旦处于娱乐场合，日本的主管就会让手下的员工离他远一点，甚至巴不得员工立即消失。员工不在时，他就会亲自陪客户进行娱乐活动，不管是喝酒打牌，还是唱歌跳舞，都不在话下。

而一般的公司里，领导会在年前或者年后和下属在一起进行娱乐活动，这时必须注意一点：一个团队的销售经理，娱乐要适当。歌可以唱，酒可以喝，但是喝到六成的时候，销售经理必须提前离开。因为很多销售人员忙了一年，多少都会有一些对公司的不满，都会有一点牢骚要发，饭桌上有些销售人员就会借着酒性，把自己的真心话全盘吐出。若是这时销售经理还在场，就会异常尴尬，那时是“管也不行，不管也不好”。所以说，我认为明智的销售经理，应该在适当的时候提前离场，即使后来员工发牢骚也无所谓。

任何一个人，都不可能做到十全十美，“人前被人夸，人后被人骂”的事肯定时有发生，作为领导者，销售经理心里更要清楚这一点。员工产生不满，这是非常正常的，必须让员工有一个抒发的渠道。偶尔被员工骂，领导也应该淡然接受，心胸要宽广。在日本的一些公司，他们特意设置了一个出气室。

出气室里，公司总监、经理、董事长的头像都被套在一个橡皮柱上，员工可以把门一关，上去对着领导者的头像一顿猛打，可以随意发泄。而法国的公司更厉害，他们设置了一个出气室，把玻璃、盘子等物品放到出气室里，员工可以随意去打、去摔。我认为这样的公司是成功的，可以让员工有发泄怒气的地方，缓解抑郁的心情，从而更加积极地投入工作。

在娱乐场所，销售经理应该与员工保持适当的距离，以免双方尴尬。这一点很关键。

（2）在私人生活空间保持距离

在私人的生活空间，销售经理也要与员工保持适当的距离。

一些销售经理很喜欢和销售人员混在一起，甚至睡一张床。比如某天晚上大家工作太累，销售经理就不回家了，到员工宿舍和下属混在一起睡。没什么异样还好，可若是销售经理睡相非常不雅，又是磨牙又说梦话，那他在下属面前就会丧失威严，在下属面前说话的分量就会减轻，以后在台上讲话的权威性也会大大减弱。

某些经理喜欢和员工打麻将，可能某一天这个经理输了1000元钱，也没带现金，就先欠了员工1000元钱。而第二天他在开会时，非常严肃地批评下属，这时台下的员工心里就会想：别讲了，你还欠我1000元钱呢！

所以上下级在私人生活空间，应该适当地保持距离，这对销售经理来说“有百利而无一害”。

（3）和上级领导相处时，让下属保持距离

当销售经理和上级领导相处的时候，最好让下属离开。不要三个级别的人同在一个场合，比如总经理、销售经理、销售人员，因为总经理和销售经理怎么开玩笑都可以，但若是销售人员在场，这就不太好了。

所以说，如果你是一个销售经理，和总经理开玩笑的时候，千万要注意你的下属是否在场，如果在，那就要收敛自己，注意言行举止，否则就会影响公司的整体文化。

3. 管理要站得高，看得远

很多销售经理以前都是销售人员，后来才一步一步地被提升到公司的管理阶层，成为公司的部门经理。所以有这样一种可能性：过去某个人最擅长销售工作，而今天变成了主管，从某种意义上来说，就等于“半路出家做管理”。很多的销售经理并不是学管理的，不是科班出身，所以这些销售经理可能很多时候会忽略某些管理工作，不能面面俱到。

所以在当前这个经济快速发展的年代，企业要进行销售管理变革，必须建立健全的销售管理体系，销售经理必须学习、使用先进的销售管理技术，要站得高，看得远。这就可以分为两大方面：第一是业务管理，第二是组织管理。

业务管理是指销售经理在销售业务上的管理，比如如何开发客户，应该开发哪些客户群，如何去定位客户，货款应该怎么收，尾款怎样去掉，市场应如何开拓，销售人员如何调配等。

而大部分以前曾从事销售工作的销售经理，在业务管理方面都比较精通，而组织管理方面比较薄弱。他们将所有的精力放在业务管理上，急于完成短期的目标，忽略了团队以及人力资源的管理，长期如此，就会导致销售团队不稳定、员工流失率高，使得企业的长期竞争力降低，客户的满意度下降。

组织管理也就相当于人力资源管理，所有的销售主管都应成为半个人力资源管理专家，懂得如何从市场上选才、育才、用才、留才，知道如何对人才进行组织分工、教育训练，不断地激励他们，提高团队的积极性，从而使他们产生团队凝聚力，提升绩效。

所以我希望广大的销售经理能够警惕自身，审视自己的管理角度是否有偏差，是否过于偏重业务管理，如果有，应及时调整方向，全面地进行销售管理。

■ ■ ■ ■ 不同团队管理要点

1. 管效率型团队的四个要点

对于效率型销售团队，销售经理一般有四个管理要点。

（1）注意控制整个过程

作为一个效率型销售团队的管理者，销售经理必须要控制销售的整个过程，不能任由销售人员自由发挥。例如：针对柜台导购人员，我们就要控制导购人员的每一个动作和细节，包括如何问候顾客，如何探询顾客的背景，如何有效进行产品展示，如何有效处理顾客异议，如何推动顾客购买流程等。在此基础上，要求导购人员反复演练每一个过程。

如果一个顾客到店里面去购买一双鞋子或一件衬衣、一条领带，一般也就花个三五分钟。也就是说，在几分钟的时间内，店员如果能给顾客介绍一款适合他的产品，就能成功销售，如果不行，那顾客就会去别的地方购买，再次回到这家店的可能性非常小。

效率型销售虽然看起来简单，甚至有人觉得，效率型销售人员只要守株待兔，来了一个顾客给他们介绍一下产品就可以了。但是大家不要忘了，越是看起来简单的销售，对销售人员的要求就越高。每一天有多少人走到店里来，又有多少人匆匆地离去了？销售人员有没有统计过这个数字呢？其中最大的问题在哪里？效率型销售人员必须思考这些问题。

其实销售人员能否把顾客留下来，关键要看他们能否激发顾客的欲望和兴趣。顾客走进店内，只给了销售人员几分钟的时间，销售人员要充分利用这段时间，找到顾客的兴趣点，寻找适合顾客的商品，激发其购买的欲望，应尽量把顾客留在店内，增加成交的可能性。

越是典型的效率型销售，越要对销售的整个过程进行把控。比如，顾客来了之后，销售人员要怎么讲话，怎样培养双方的信任感，如何了解顾客的需求，并且针对其需求去介绍产品等。要注意，了解需求也是有技巧的，因为顾客的需求是分档次的，哪些需求是顾客最需要的？顾客在购买产品的过程中最怕遇到什么情况？他最想得到的是什么？对于这些问题，销售人员必须在几分钟之内摸清楚，不能认为自己抓到了顾客的兴趣点就万事大吉，必须进行深入思考。所以我们对效率型销售人员的要求非常高。

很多人总是认为店面销售很简单，在我看来恰恰相反。同样在一条街上的几间店铺，有的很赚钱，有的却在不停地亏钱，这是为什么？其实不仅仅是客流量的原因，客流量往往是固定的，而销售人员的素质却有不同。一间店的销售人员能否把顾客留住，在留住顾客之后能否成交，这也非常重要。销售人员往往靠一句话挣钱，有时候一句话就可能把顾客拉过来，也有可能会把顾客赶走。所以越是效率型的销售，就越要训练销售人员，让他们把每一件事情都做到位，这样才能成功地进行销售。

比如一个顾客踏进商店,销售人员通常都要说“欢迎光临”。这句话看似很简单，销售人员也要经过训练才能说到位。有没有经过训练,差别非常大。有的销售人员一边说着“欢迎光临”，一边将腰微微弯下，并且头微微一点，脸上带着微笑，会让人感觉很舒服。而同样是“欢迎光临”，有的销售人员说出来就使人厌恶。我遇到一些销售人员，他们把肩往门上一靠，略带不屑地来了一句“欢迎光临”，我立马感觉:“哎，这叫欢迎吗？”我的购物欲望一下子被磨掉了一半。有的销售人员会低着头，不停地玩手机，看有人来了，马上来一句“欢迎光临”。甚至有一些销售人员非常势利，嘴里虽然说着“欢迎光临”，但他的表情就像告诉你:“有钱的进来，没钱的走开。”除此之外，“欢迎光临”也会有不同的音效表达，声音有大有小，音调有高有低，有人阴阳怪气，有人毕恭毕敬，其中的差别非常大。有些顾客属于理性型顾客，做事很谨慎，如果这样的顾客踏进一家商店的门口，突然听到一句震耳欲聋的“欢迎光临”，估计顾客会被吓跑。所以说，同样是“欢迎光临”四个字，可以说出不一样的感觉，销售经理要对销售人员进行训练，使他们达到统一的标准。

很多时候，我们要慢慢地去训练销售人员仔细观察。如果顾客是比较谨慎、稳重的人，销售人员应该语调要低、要沉，要和顾客的个性相匹配。如果顾客是很冷静、很理性的人，销售人员也应该要理性地对待。如果对方很热情，大踏步地进商店，但是销售人员有气无力地说了一句“欢迎光临”，这就会导致温度差。顾客的温度那么高，销售人员的温度这么低，顾客肯定要产生失落感。

所以，销售人员要把握顾客的热情度，因人而异，有针对性、区别性地接待顾客。如果来了一个顾客，他的热情是 30 度，那么销售人员的热情就要达到 35 度；如果来了一个顾客是 80 度，销售人员的热情就要保持 85 度：要和顾客保持在同一类别，但是又要稍微比顾客高一点。如果热情度太高了，很多顾客会觉得太吓人，接受不了。所以销售人员要把握好“度”。这就需要销售人员会察言观色，准确判断类型。

销售是双方的交易，如果其中一方与另外一方不是“一类人”，热情度、办事方法差别都非常大，那么极有可能会造成交易失败。

我的助手有一次买可乐，遇到了这样一件事：

他要买可口可乐，但是店家却坚持给他非常可乐。

他很不理解，怎么要可口可乐却给他非常可乐呢？“大妈，非常可乐和可口可乐，是不一样的。”

结果店家说：“小伙子，我怎么可能不知道啊？我告诉你，那个可口可乐公司的员工到我们店里面，每天都给我讲政策，谈条件，弄发票……这个东西把我弄得烦死了。你看人家非常可乐的员工，到我店里帮我擦东西，摆货，天天大娘长大娘短的，叫得我心里热乎乎。所以啊，我告诉你，在我的店里非常可乐它就代表了可乐！”

这个案例说明了什么问题呢？

店家认为可口可乐的员工太死板了，而非常可乐的员工很讨自己喜欢，所以她选择销售非常可乐。

其实从事销售工作，能不能与顾客培养一个良好的关系，要看双方是不是一类人。同流不等于就要合污，但同流才可以交流，只有能够交流才可以交心，交心之后才能够进行交易。

我以前曾经在工地上向负责工程的包工头卖过钢铁，那时候我感觉自己非常专业，但现在回想起来，其实非常傻。负责工程的包工头，是一个四十多岁的中年人，头发梳得油光锃亮的，整天叼着根烟，天天围着桌子打麻将。当时我刚开始从事销售工作，什么都不懂，我就在旁边说："王总啊，我现在不着急，你慢慢打，我等着。"说完我就傻傻地站在门口等，结果麻将一打就是三四个小时，这期间包工头连头都没抬过。最后终于打完了，他抬头看了我一眼："哎？你是谁啊？怎么在这儿啊？"我当时就愣了，原来他根本没认真听我说话。

当时我的做法明显是错误的，要拿下这个订单，我应该这样和包工头说："王总啊，给您点根烟。"然后，我要见缝插针，跟他一起打麻将。有人说，这时应该输钱给包工头吧？其实不然，我应该稍微赢点钱，再输多点钱，一来一往，既不过于谦卑，又能使包工头开心，这样就可以和包工头处好关系了。

臧老师语录：

同流不是合污，但只有同流才可以交流，交流才可以交心，交心才可以交易。

所以，如果一个销售人员是属于效

率型的，你就一定要对他的整个销售过程进行控制，对一些话题进行训练。例如怎样与顾客建立关系，怎样进行谈话，谈什么话题，切入点是什么，对方有没有反对意见等。当顾客出现了"我没钱"、"产品太贵了"、"不需要"、"等一等"、"考虑考虑"等反应时，销售人员就要准备好一套说辞，定下统一的标准，想好要采取的话术。虽然很多销售人员都明白这一点，但仍要注意，顾客是多种多样的，市场也是复杂的，销售人员应该灵活应对，也不能死背书。

（2）注意细节的固化

不过，灵活应对不等于自由发挥。销售经理一定要记住：面对顾客时，绝对不能让销售人员自由发挥。如果一个销售人员做事，就像"脚踩西瓜皮，滑到哪里算哪里"，他就会让公司损失很多的顾客。让销售人员自由发挥，就是让他拿着一把刀放在顾客的头上，天天在磨刀，天天在练习。请记住一句话：一家公司最大的营运成本，是那些没有经过严格训练的销售人员。这些销售人员有可能把板上钉钉的顾客赶跑，本来握在手上的订单，有可能会被他们扔掉。

任何一件事情，都要先固化、后活化。尤其是效率型销售人员一定要这样做。

深圳中信广场里有一家 COCO Park，专门销售精品服装。

他们的销售人员，抽屉里永远放着关于讲话艺术的书籍。在没有顾客的时候，他们都在练话术。所以COCO Park的营业额才能够位居前列，它才能成为国际知名品牌。

麦当劳、肯德基属于快销行业，它们是典型的效率型销售。麦当劳、肯德基服务人员不对顾客说废话，销售过程干净利落。其实这是经过严格训练的，他们与顾客交流的每一句话都不能大意，有一定的固定标准。

与此对比，咱们中国的某些餐厅完全不一样，如果一个服务员今天心情非常好，他的话就会非常多，掏心掏肺地和顾客聊天；如果一个服务员心情很糟，他可能就会对顾客爱理不理，甚者连半句话都不说。

另外，在约访顾客、面谈的过程中，也不能任由销售人员随意发挥，都有固定的流程。很多人会认为，这太固定，太死板了。其实不然，我们可以先定下固定的标准，固化细节。

很多人都遇到过这样一种情况：一个销售人员向你销售商品，扯到天南海北，说得天花乱坠，但是最后你仍然没有被他说服。因为这种时候，你会感觉他不能给你提供有价值的信息，不能向你阐述产品的优点，最后你当然不可能购买他的产品。所以，销售经理应固化销售人员的应对细节，固化销售动作。

例如：在销售手册中固化每一个动作，让销售人员把相关的内容背下来，那么他在实际操作运用的时候，脑海中就会自然而然地浮现相关的内容，而不需要过多地调动思绪，可以节省思考时间。

所以说，在控制了全部的过程之后，销售经理更需要让销售人员把每一个细节都固化，把每一个销售动作都变成自己的行为，反复地进行练习。注意细节的固化，效率型的销售人员更要做到这一点。

空姐在这方面就做得非常好，销售人员应学习。空姐工作非常累，服务乘客并非一件容易的事，有可能遇上蛮不讲理的乘客，但她们也要笑脸迎人。每次她们站在乘客面前，都是面带微笑，嘴角上扬，微微露出八颗牙齿，这已经成为一种习惯。嘴角上扬多少度，牙齿露出多少颗，都经过了严密的计算，在训练的时候，每一个空姐的嘴里都要含着一双筷子，反复地练习，直到把自己的脸变成一个笑脸才算完成任务。这就是固化。

我们从事销售工作，也要像空姐一样反复进行练习，只有反复练习，固化每一个细节，才能做到顾客一开口就知道如何应对，不管他说什么我们都能马上应答，才可以达成目标，签下订单。

但是很多销售人员完全不注意这一点，电话随意打，根本没有经过思考就应对顾客。这样的销售人员必须进行再次训练。

下面是一个销售人员打电话的典型例子，可供借鉴。

销售人员："您好，请问是A公司的王先生吗？我是××公司的小刘。请问您现在方便接听我的电话吗？我不会浪费您太多的时间，只需10分钟即可。"

王先生："嗯，你说吧！"

销售人员："是这样的，我们公司新推出了一款新产品，这款产品可以……请问您有兴趣吗？"

王先生："哦，我们公司似乎用不着这样的东西。"

销售人员："没关系，可能是电话中我没有能将产品介绍清楚，您看什么时间合适，我去拜访您。"

王先生："不用了，这个产品我都没听过，我们不需要的。"

销售人员："是的，我也觉得您不会对您没见过的东西感兴趣，所以我想去拜访您，给您带去详细的产品资讯。您看我是今天下午还是明天早上去拜访您比较合适？"

王先生："我没有时间，很忙啊！"

销售人员："王先生，您能管理这么大一家公司，肯定是一个讲求效率的人。我们这款产品能使您的公司提高效率，节省成本。我们相信您一定不会想错过这么好的产品的。"

王先生："哦，你们的产品有那么好吗？"

销售人员："我们曾做过详细的市场调查，这款产品对您的公司是有很大的帮助的。我带上资料，今天下午2点去拜访您，为您更详尽地讲解这款产品，您看可以吗？"

王先生："那好吧，你过来吧！"

如果一家公司里的每一个员工都能像案例中的销售人员小刘一样，积极进取，公司业绩肯定就不用愁了。所以说，从事销售工作，就是要把顾客抛过来的每一个话题都固化，做到兵来将挡、水来土掩。最怕员工胡乱应答，顾客提出一点异议就慌乱无主，一张嘴就不专业，两句话就被顾客驳倒了，还没到说第三句，顾客就把电话挂了。这种现象经常出现。

其实销售工作，看的是销售人员怎么讲话，如何应对。这个过程需要反复训练，才能把应对技巧练到炉火纯青的程度。

若是缺乏一套应对的话术，公司就会在市场中吃亏。如果你的公司还没有建立一套固定的方法，就要从现在开始，让公司的销售精英把所有经典的应对话语进行整理，制定一套固定的话术。然后让销售人员天天练习，反复练习。这样可以产生非常良好的效果。

（3）注重团队的积极氛围

效率型销售依靠的是量的积累，这叫“大树法则”。“大树法则”指的是概率问题，假如一个人的成交率是10%，即他见10个客户可以成交1个，那么他见1000个客户，就可以成交100个。所以说，一般的效率型销售都要秉持“量大乃致富”的观念。为了能达到“量大”，销售经理就必须激发销售团队的斗志，激发成员的积极性，使他们不断工作。保险公司就是典型的效率型公司，我曾见过一家保险公司的墙上贴着一句话：“一日两访，就地阵亡；一日四访，稀里咣当；一日六访，勉勉强强；一日十访到十五访，才可以黄金万两。”这充分说明，一个效率型的团队对员工的勤奋度要求相当高。而勤奋度与积极氛围有什么关联呢？

其实，一个人多少都会有懒惰性，而效率型团队却要求销售人员非常勤奋，这就产生了矛盾。若是想让一个人对抗天性，克服自身的懒惰性，让他快速行动，提高效率，就必须让其产生动机。人有很多的动机，但有一个动机最基本、最核心——追求快乐，逃避痛苦。如果一个团队能够制造良好的气氛，营造快乐的工作氛围，那么员工就会产生追求团队的欲望，从而提升自己、提高效率。

所有的生物都是追求快乐，逃避痛苦的。据说在澳大利亚，猪在被宰杀之前，一定要让它听优美的音乐。如果猪被宰杀之前没有听过优美的音乐，那么这头猪的肉就是不合格的，政府不允许这样的猪肉流向市场。大家可以想象，屠夫拿着一把刀，慢慢地走向即将被宰杀的猪，猪是非常害怕的，它一怕，一紧张，身体就会本能地释放毒素，这样的猪肉质量就不高，人吃了也会受影响。

人也一样，我们往往会发现，如果一个人觉得自己倒霉，那就会越来越倒霉。那是因为人越消极，就越容易胡思乱想，就会越痛苦。而人在开心的时候，身体就会自动地释放一种叫“脑啡”的东西。脑啡会让人感觉到愉快，只要一个人越来越愉快，他的身体就会释放出更多的脑啡，而更多的脑啡又会让他感觉到更加愉快，这样就会形成良性循环。而人觉得自己很倒霉的时候，就会觉得一切的事情都很负面、消极、被动，这时候产生的脑啡量非常少，没有脑啡，人就会感觉很压抑，并不断地伴随着痛苦、疲倦和烦躁，于是就进入恶性循环。

所以说，效率型的公司，公司的内部气氛一定要好，要火爆，要热烈，要积极。公司领导要想方设法在公司内部制造一种积极、轻松、愉悦的工作氛围，这样才可以形成良性循环，让效率型销售团队可以提高效率，兴奋地工作。

这个世界上有很多这样的公司：它们给员工的底薪非常少，但是这些公司的员工工作积极性依然非常高，它们靠的是什么呢？其实很多员工是由于公司的整体气氛而留下的。这就是动机。

很多效率型团队会在每天上班前进行“爱的激励”，让员工大声喊出“我是最棒的”、“今天我最牛”之类的话，或者进行鼓掌激励，其实就是为了激发他们的工作热情。

掌声是一种无形的力量，能够给予效率型员工精神上的激励与慰藉。销售经理必须了解掌声，善用掌声，缔造“掌声文化”。

我认为掌声有三种。

第一种掌声：热烈的掌声。为什么公司的员工气势不高？为什么公司的员工死气沉沉？其实就是缺乏热烈的掌声。热烈的掌声需要鼓掌者伸直双臂，双手放在头顶上，用力鼓掌。这种掌声为很多保险公司所推崇，他们让员工拍出热烈的掌声，以提高气势。一个销售团队或一个销售人员能不能取得好的业绩，往往与团队的气势有很大的关系。热烈的掌声可以振奋人心，是效率型销售团队所需要的。

第二种掌声：普通的掌声。一般大家鼓掌，都喜欢把手放在脸的前面，这样拍出来的是普通的掌声。这种掌声和第一种掌声相比，气势减弱，没有热烈的感觉，也没有第一种掌声那么振奋人心。

第三种掌声：没有良心的掌声。没有良心的掌声就是指一个人鼓掌的时候，双手放在胸口以下。那么拍出来的掌声就会非常苍白无力，完全没有气势。

第二种与第三种掌声是效率型销售团队所不需要的，不能为团队创造良好的氛围，不能起到激励的作用。

为了让销售团队成员能够追求快乐，销售经理必须不断地去制造轻松、快乐的气氛，营造积极的氛围，不断地去赞美销售人员，给他快乐，让他愿意去干，愿意行动。

（4）注重内部竞争意识

在注重营销团队积极氛围的同时，销售经理不能忽视内部的竞争机制，要培养销售人员的竞争意识。为什么要注重内部竞争意识呢?

如果一个效率型销售人员缺乏竞争意识，就会沉溺在自己的成绩中，取得一点小成绩就沾沾自喜、洋洋得意。殊不知，人外有人，天外有天，比他强的销售人员比比皆是。销售经理要培养销售人员的内部竞争意识，刺激先进，激发后进，才能够使得团队整体发展。

注重内部竞争意识包括三个重要方面：第一，强调末位淘汰，可以每月进行业绩排名；第二，强调小组竞赛，可以将一支销售队伍分成两个组，进行竞赛；第三，积极奖励，公司每到一定阶段都要对销售队伍进行评价，奖励先进积极分子。

我曾多次在海尔公司讲课。在讲课过程中，我发现来听课的海尔人员，不管是老总还是员工，都非常认真。

他们不仅听课认真，课堂记录也做得非常到位。我很好奇，于是在课间我问其中一个学员："你们怎么笔记做得那么认真呢？"他回答说："老师，你有所不知啊，你把课讲完了就可以走了，我们可是要考试的。"

我感到很奇怪："不就是个考试吗？"

他说："没那么简单，我们考试的成绩和工资是挂钩的，并且和将来提干也是挂钩的！"我这才恍然大悟。

所以说，海尔能取得今天的成绩不是偶然的。他们的销售团队内部具有良好的竞争意识，公司具有良好的竞争机制，造就了海尔今天的辉煌。

当前，很多人处于这样的状态：如果你不逼他，他就很难进步。我讲课已经快十年了，这十年中，我养成了一个习惯：只要发现一个人非常优秀，私底下我就会去找他，"你有没有秘诀和一些心得，可以给我们分享一下啊？"我都会这样向他们请教。遇到这种问题，几乎 80% 的人都会给我这样一句话："哪有什么秘诀啊，都是被逼出来的！"

各位看明白了吗？成功人士都是被逼出来的，你有没有被逼迫过？

小时候，我家养着一条狗，那时候我听说狗能跳过非常高的墙，就想做个试验。

我拿着一根小棍子，把那条狗往两米多高的围墙边上赶，想让它跳过这堵墙。但是试了半天，那条狗都只能往土墙上蹭一蹭，别说跳过去了，连腿都没抬一下。

后来，我不管是拿骨头引诱，还是拿棍子赶，都没能让它跳过去。于是我就放弃了，认为我家的狗不能跳墙。

但是有一天，亲戚带了一条大狗到我家做客，那条大狗非常凶悍，看到我家的狗就狂吠，一直不断逼近。我家的狗感觉到危险，后腿一蹬，“嗖”地跳到了围墙上。

原来不是它不能跳墙，而是之前没有被逼急了。

人也是一样，之所以不改变，是因为没有被逼迫。销售经理要在团队内部建立竞争机制，适当地对销售人员进行逼迫。一个优秀的销售经理，要能够张弛有度，该乐的时候要乐，该严的时候就要严，销售管理不能没有度。

但销售经理要注意，内部竞争并不等于时时刻刻给销售人员施加压力，并非每天都让销售人员把压力挂在脸上，而是指在机制上施加压力。这种压力是软压力，并不体现在表面上，而是在私底下。在表面上，要让销售人员每天都有高昂的情绪，让他每天都能够非常兴奋地工作。与此同时，要让他内心清楚公司的竞争机制，让他明白，公司到了一定的时间就要对人员进行排名比较，排名靠后的销售人员就要被淘汰掉。

所以在公司内部要强调竞争意识，运用末位淘汰制、小组竞赛以及一定程度的奖罚来培养竞争意识。

小组竞赛不可或缺,而且绝对不能停止。年度要有年度赛，季度要有季度赛，月度要有月度赛，如果一个销售团队整体非常优秀，也可以采取每周竞赛。可以通过不断地进行比赛，引发一个好的销售结果。

淘汰其实很简单，相对效能型的销售团队而言，效率型销售团队更容易流失人员，但淘汰对于销售团队来说是必要的，效率型销售团队的人员一定要有流动性。效率型销售团队要定期按比例“砍人”，并且要敢于“砍人”。作为一个效率型销售团队的领导者，销售经理要记住：要有仁慈的一面，也必须具备快、狠、准的一面，不能总是一派和气。

而“砍人”的同时，公司要先制定好“造血”机制，即引进新人才的机制。有了“造血”的机制，就可以不断地往团队里输入新鲜的血液，这样，公司就可以每个季度或者每个月定期淘汰一部分人，可以大胆地“砍人”。一个效率型销售团队，如果拥有良好的“造血”功能，每月可以淘汰5%的落后员工。如果一个销售团队的“造血”系统没那么顺畅，那么至少要每个季度淘汰5%的落后员工，这样才能保证团队的良性运行。如果一个效率型销售团队的内部员工始终保持不变，那绝对不是一个好现象。很多的公司由于“造血”机制差，人员流通性差，导致运行缓慢，效率低下。

比尔·盖茨曾说，无论如何，都要记住，有两样东西是绝不能停止的：第一是不断地往机制内输送新鲜的血液；第二是不断地往里面扔鲶鱼，不断地“干掉”那些落后者。

“砍人”和“造血”不断地交替，持续地进行人才更换，就可以慢慢形成“流水不腐、户枢不蠹”的局面，公司内部的竞争机制会慢慢地建立起来，这家公司就可以士气大涨，成为行业中的佼佼者。

马云经常会说起阿里巴巴的竞争排名机制，每到一个考核季度，阿里巴巴公司就会按员工的业绩进行排名，每次排名都要参考每个人的财务贡献度，认真核实，最后张贴排行榜。排行榜有第1名到第1000名，全部排好员工的名次。

进行排名之后，他们会根据排名名次更换一次办公室。从第1名到第250名的员工，统一搬到“雄鹰办公室”，证明这些人都是雄鹰级别的；第251名到第

500 名之间的员工，搬到“老鹰办公室”；第 501 名到第 750 名之间的员工，要搬到“小鹰办公室”；最惨的是第 751 名到第 1000 名的员工，他们要搬到“雏鹰办公室”。

雏鹰，就是刚刚出蛋壳，非常稚嫩的鹰。有很多人做销售做了好几年，最后居然要搬到“雏鹰办公室”，就肯定会咬牙切齿，下定决心：“我要雪耻！下次我一定要搬进‘雄鹰办公室’！”这样，就能够激发较为落后的一部分员工。

另外，阿里巴巴员工坐的位置是有编号的，这个编号就是他们上个季度的排名名次。第 1 名坐 1 号，第 2 名坐 2 号……公司第 2 名的员工，天天看着第 1 名的背影，就会想：“等着瞧，我一定要取代你！”而第 3 名就紧盯着第 2 名的位置……这样，阿里巴巴公司的每一个员工都会时刻盯着前方的位置，一刻也不敢放松。而最后一名的员工，一定要想方设法往前走，不然就会被公司解雇。

阿里巴巴公司就是通过这样的机制，不断地淘汰落后员工，不断“换血”，才成就了今天的阿里巴巴。马云也通过这样的机制培养出了一批又一批的销售精英。

由此可见，但凡具有完善的竞争机制的公司，其员工的奋斗性和积极性都是非常高的。

效率型的销售团队，一定要让每个销售人员都动起来，像一潭死水一样毫无动静是不行的，一定要建立一个好的内部机制，只有调动人员积极性，才能在竞争激烈的市场中存活。但是很多效率型团队却普遍存在一个问题：团队中的人员几乎没有流动。而这些团队的销售经理非但没有危机感，还引以为傲："你看，我们公司的员工稳定性多强啊！"其实他们还不知道，这根本不是一件好事，等于自找死路。

效率型销售团队管理要注意控制全过程，固化每个细节，培养积极氛围，并且不断地制造内部竞争，给销售人员施加一种软压力。作为领导者，销售经理不要每天板着脸，那不叫压力，只能说明你不会带领团队。压力一定要"压于无形"，要用机制、制度来进行考核，而不是每天给销售人员脸色看。

2. 管效能型团队的四个要点

效能型销售团队的管理同样有四个要点。

（1）控制重点

控制重点就是注重销售过程中的关键点。效能型销售以效能为导向，其过程非常地长，也非常复杂。比如销售挖掘机或者水处理设备的项目，资金高达上千万，这样的大型项目，谈判时间也会非常长。在这种情况下，销售经理不可能样样都顾及，也不可能追求细节的完美，要控制效能型销售的全过程是不太现实的，必须在关键点着手。

比如中央电视台新建的办公大楼，其玻璃外墙都是深圳某集团提供的。

我在该集团上课的时候，他们的员工说："臧老师，您有所不知，央视大楼的项目总金额有十几个亿，仅仅谈判就花了两个月，我们这两个月基本上都是在谈判桌上度过的。而工程的工期是一年多，战线拉得非常长。"这样的项目就是典型的效能型销售。类似这样的效能型销售，公司都要往外地派驻地员工。比如央视大楼的项目，该集团就派了一个代表进驻北京，一直指挥坐镇。这个项目属于两地指挥，所以集团总部想把项目的全过程都进行控制，那是根本不可能的，只能控制议价、签约等关键点。

销售经理只控制销售关键点，就说明销售过程由销售人员自行操作。这就引出了一个问题：效能型销售人员必须经验丰富。这也造成了销售领域一个很有趣的现象：效率型销售人员往往年龄偏低，而效能型销售人员年龄偏高。一般来说，效能型销售要求销售人员的年龄要超过 28 岁，而效率型销售则要求销售人员不要超过 28 岁。正是因为效能型销售的工期比较长，谈判流程比较复杂，领导根本不可能步步监控，样样把关，所以针对这类的销售，需要年龄稍大、经验较为丰富的销售人员。这样，销售经理只需要控制关键点就可以了。

什么是关键点控制？比如刚开始接触一个顾客时，销售经理需要进行控制，并且对对方提出的需求也要了解，要进行紧密跟踪。然后，在进行报价或者报方案的环节时，也要进行控制。因为方案不是一个人可以完成的，肯定需要大家一起协作，整个团队进行协调，才能作出最佳方案，才有机会顺利夺得订单。这是一个很复杂的过程，绝对不是一个人的功劳。销售经理要对这样的关键点进行控制，才能保证整个项目顺利进行。在大型的效能型销售中，对方采购部门肯定不仅只有一个人。首先，对方总经理以及主管项目的副总经理要参与，采购部门和工程部门也要参与。参与谈判的人数非常多，整个环节很复杂，并且随时存在着再次变化的可能性。这时，不可能将所有环节都固化，就要把握关键点，只要把关键点控制好就可以了。

（2）注重挖掘个人能力和创造力

对于效能型销售人员的要求，比效率型销售人员高。效能型销售人员必须具备很强的个人创造力和灵活性，具有丰富的社会经验。

如果销售人员有一些个人想法，只要不影响大局，销售经理就应该抱着宽容的态度，这样才能使他有创造力。如果销售经理一味地用各种条条框框将下属完全限制住，那么有创造力的人肯定待不住。

效能型销售和效率性销售两者的销售思维不一样，档次不同，所销售的产品也不一样，差别性非常大。越是效能型销售，越主张销售人员具有灵活性。

比如，卖软件卖了一两万元，我们要请客户吃、喝、玩吗？一般来讲，不需要。客户要买就买，不买就算了。而我们要卖一个价值 500 万元的水处理设备给一个单位，我们要不要和客户处好关系？我认为这是必不可少的。在与客户打交道的过程中，销售经理不可能面面俱到，很多时候靠的是销售人员个人的创造力、灵活性以及他的社会经验。

所以说，能够做好效能型销售，销售人员样样都要懂一点。什么地方的东西最好吃，哪里唱歌设备最好，哪个地方购物最方便，销售人员都要了如指掌。而且综合能力要强，创造力要强。

对于此类销售人员，销售经理没有必要天天盯着他看，也没有必要固化他的做法。效能型销售团队提倡的是销售人员的创造力，从整体上看，它不像一个军队，甚至还有点散漫。

（3）注重整体配合

效能型销售团队的管理要注重整体配合，这是做效能型销售的关键点。

即使一个销售人员只能签订一个单子，也不能让他孤军作战，在必要时，销售管理阶层一定要出面给予支持，也就是三线结合或者三线支持。这样才便于管理、控制项目的进程及售后工作，才能完美地确定一个项目。

什么叫注重整体配合？

效率型销售中，销售人员拿一块面包或一双鞋子去卖，卖多卖少都是算他的个人功劳，他几乎不需要别人帮忙。效能型与效率型不一样，效能型销售是需要团队共同配合的。

效率型销售团队和效能型销售团队相比较，两者的薪酬设计差别很大。我们可以看到，效能型销售人员做业绩，其提成占总收入的比例很低，这是因为效能型销售注重整体的配合。一般而言，一个项目的报价可能要几个人一同商议，报方案也要几个人一起协商，整个招投标的过程需要很多人共同努力，并不能说成某一个人的功劳。如果公司把某些人的功劳算得太多，提成过高，就会引发个人英雄主义，最后会导致团队不和谐，效能型销售团队也就崩溃了。

深圳某集团将玻璃卖给中央电视台，前后经历了很多的环节，仅仅是谈判这一环节，就要分为几个级别：先是销售人员谈，然后是销售经理谈，最后是总监和总经理亲自出马。而且必须事先量好窗户的尺寸，每一块玻璃的尺寸都不能马虎，玻璃的切割必须严格按照尺寸进行，做好之后要送货，安装，同时维修也不能大意。每一个环节都需要团队的配合，一个人是绝不可能完成的。所以效能型销售人员的提成要低一点，提成比例不能过高。

另外，一个项目能够谈成，除了销售部门有提成，其他部门也能够拿到应得的奖励，这样才能够提高团队的积极性和配合度。

（4）注重长线发展和稳定

效能型管理要注重长线发展和稳定。在这方面，有两点需要注意：首先，考核周期相对要长，一般都要在半年以上；其次，底薪设计相对比较高，销售人员要有一种稳定、均衡发展的感觉。如果这两点控制不好，就容易诱发短期行为，反而会欲速则不达。

效率型销售团队主张人员的流动速度要快，但是效能型销售恰恰相反。效能型销售不提倡员工有太大的流动性，因为培养一个成熟的效能型销售人员非常难。一个稚嫩的销售人员，如果没有特殊的关系是很难搞定效能型销售项目的。公司要将一个员工培养成一个能够卖出大型设备的成熟销售人员，至少要半年以上的时间。这个员工不仅要具备一定的社会经验、行业知识以及交往能力，还必须了解客户的决策流程、相关的人际关系以及内部的关系网。所以说，效能型销售团队必须能够留住销售人员，注重长线发展和稳定。如果效能型销售团队的人员流动性很强，那么公司的培养就白费了。

效能型团队的管理者对销售人员要宽容一些，给他们留出一定的空间。因为要达成一个效能型销售项目是非常艰难的，有时需要一年以上才能搞定一张单子。如果一个销售人员跟进一个项目一年了，恰好卡在审批上，这时候公司认为其一年都没有业绩而将其开除，就非常不公平。这也是效能型销售和效率型销售的差别。

如何让销售人员具备狼性

销售人员并非天生就是销售人才，也并非天生就具备狼性。销售经理的一个重要任务就是将销售人员培养成一个狼性销售团队所需要的人才，使其具备狼性。

1. 不经历风雨，怎能见彩虹

历朝历代的开国者，其智商和情商生来就那么高吗？其实不然，他们是被挫折摧残、蹂躏和折磨出来的人才。作为一个领导者，销售经理要善于给下属施展拳脚的机会，同时也要给他一个犯错的机会。如果一个人永远没有犯错，永远没有错过任何的机会，那么他永远都成长不了。俗话说“大树底下好乘凉”，但是大树底下一般都没有强壮的植物，如果销售经理这棵大树替员工阻挡了一切风雨，那么员工只能像小草一般蜷缩在大树周围，最终使自己灭亡。

有人说，某些人生来就很有自信，自己生来就是自卑的。这样的说法是错误的，自信绝对不是天生的，自信是磨炼出来的，只有经历过风雨，才能有见到彩虹的机会。所以我认为要给员工机会，让他去挑战，如果一个员工不能承担，那么他永远都不能成为人才。

臧老师语录：

企业不是没有人才，只是我们给员工的压力不够。

不要轻易说自己的企业没有人才，不要抱怨员工缺乏狼性，销售经理可以逼员工成长，慢慢地磨炼他们，总有一天员工会变成狼性销售团队所需要的人才。

销售经理要像父母教育孩子一般磨炼销售人员，不过很多中国家长在教育孩子的问题上也存在偏差，相对来说，西方的教育做得比较好，销售经理可以借鉴一下。

西方家庭中，妈妈带着两三岁的孩子散步，她会让孩子在身后跟着，自己走在前面，偶尔回头看一下自己的孩子，确定他跟上了。也许这样的妈妈，在中国人的眼里会觉得太冷漠，仿佛孩子不是亲生的，其实外国的家长是在有意培养孩子的独立性。而中国的家庭出去散步，都是爷爷拉着孩子的左手，奶奶牵着孩子的右手，爸爸妈妈在后面紧张地跟着，生怕孩子磕着、碰着。

在机场，更能看出中外家庭的差别。外国的家庭外出旅游和中国家庭外出旅游，在机场的场景天差地别。外国家庭一家三口出去旅游，一般是爸爸背大包，妈妈背中包，孩子拉着自己的小包；而中国的家庭，则是爸爸背了个超大的旅行包，压得快走不动，妈妈拎着自己的挎包，孩子抓着妈妈的衣角跟在后面，累了就要妈妈抱。

我们国家的很多小孩每天都泡在蜜罐里，在温室里长大，这样培养出来的孩子将来会有能力吗？能成为人才吗？会具备积极进取的心态吗？我表示怀疑。国外家庭教育小孩提倡三点：第一要独立，第二要自强，第三要负责。我觉得这三点不仅对于家庭，对于企业管理也是非常有用的。

我们看到的不仅仅是两个家庭外出的场景，而是一个民族的未来。所以，我认为在孩子很小的时候，家长就要让他学会承担。同样的，公司也是一样，领导要让员工能够承担，能够对自己的行为负责。所以，要培养人才，首先要让他们学会承担，其次要不断地对他们进行历练，这样员工才能够成长起来。

当然，能否增强销售人员的狼性，培养出人才，还要看员工的心理因素。能够经历多种磨难，最终成长为公司不可或缺的人才的员工，其心理素质必然要过硬。若是员工心理素质非常差，经不起任何打击，他在挫折中不但不能锻炼自己，还会不断地否认自己的能力，最终在挫折中败下阵来。

2. 鼓励是最好的强心剂

公司对员工是责骂式培养还是鼓励式培养，对员工的发展也有着非常大的影响。

比如，孩子学走路，刚开始肯定会摔倒。很多家长在孩子摔倒之后会马上心疼地把他扶起来，看看哪摔疼了，但我不是，我就远远看着他，不管他是哭还是闹，都不去扶，最后他只好自己爬起来。而每次他自己爬起来之后，我就会对他说："哎呀，你真帅，真棒！"从那以后，每次他摔倒都会坚强地爬起来，然后把手往胸前一拍，大喊："我是最棒的！"这就是鼓励的力量，如果开始时父母都不肯放手，那么孩子肯定不能培养出坚毅的性格。

销售管理也是一样，如果对于销售人员，销售经理总是小心翼翼，怕他受挫，怕他经不起打击，那么这个销售人员一辈子都不可能得到磨炼，成不了销售精英。销售经理必须放手让销售人员去经历打击，并且让他们自己反省、恢复、总结经验，之后再鼓励他，那么就能够使销售人员不畏惧失败，充满自信地往前冲。

鼓励是最好的强心剂，自信心有时候是鼓励出来的。

汉武帝刘彻是历史上有名的军事家、政治家，他具有雄才大略，是中国历史上伟大的皇帝之一。作为一国之君，汉武帝的自信心非常强，他发动了对匈奴的战争，开拓了疆土，使汉朝成了东方的一条巨龙。汉武帝的自信心，其实是来自于他的母亲。

汉武帝生母孝景王皇后，姓王名娡，为汉景帝的第二任皇后。王氏是非常厉害的人物，她隐瞒自己在宫外嫁过人、生过孩子的事实，嫁到宫中，从王美人到王皇后再到皇太后，一路扶摇直上。

而王氏在生刘彻的时候，就开始到处散布谣言，说自己夜里梦见一条红色的龙，自己肚子里的孩子是真龙再世。王氏编造故事，为的是要树立自己在宫中的地位，打击其他的妃嫔。

虽然是编造的故事，但是当时许多人都相信了，王氏也将刘彻当作未来的天子培养，时刻在他耳边提醒：你是命定的天子，你注定是要当皇帝的。慢慢地，刘彻自己也树立了信心，认为自己真的有当皇帝的能力。

王氏不断地给儿子刘彻激励，最后膨胀刘彻的自信心，和刘彻最后能当上皇帝是有很大关系的，这是王氏的高明之处。

所以，若想培养销售人员的狼性，将其培养成人才，就需要给他机会，让他承担责任。然后要在心理上不断去鼓励他，让他认可自己，这样才能发挥出无比巨大的力量。

一位久经沙场的将军去世前，将一把宝剑给他的儿子，对儿子说："孩子，这把宝剑是传家之宝，它可以保佑你在战场上不受到任何威胁。但要记住，这把宝剑不能轻易使用，一定要记住！"

他的儿子拿到宝剑后，信心倍增，在战场上百战百胜，也成了一名常胜将军……很多年过去了，他摸着一直给他信心的宝剑，终于忍不住想看看它的真面目。于是，他将宝剑拔了出来。

但，真相令他惊呆了——原来这是一把断剑！

这时他才明白，一直佑护他的，并不是这把剑，而是父亲给予他的精神信念！

这位将军父亲用一把断剑，给了自己儿子一生的信念，这就是精神的力量。销售经理也要给团队成员精神力量，培养其积极进取的心态，使其最终成为狼性销售团队的一员。

3. 适当考核才能激发潜力

宝洁公司在考核制度这一点做得非常好，值得很多公司借鉴学习。

宝洁公司的考核制度包含以下几方面：第一，公司考核销售经理，不看他们个人的业绩，而是依据团队的总业绩进行考核。第二，公司注重考核团队的总表现。第三，考核的核心是销售经理培养人才的能力，即观察销售经理有没有为公司创造可用之材，这是最重要的一条。

在宝洁公司，如果一个销售经理在自己的岗位上没有培养出优秀的人才，或者没有培养出一个可以接替自己位置的人，那他就不能升职，只能继续担任销售经理，若是一直如此，公司就会请他离开。

宝洁公司认为，作为一个领导者，销售经理最重要的工作就是能够领导下属。如果一个销售经理不能做好领导者，驾驭不了能人，培养不了新人，那就是最大的失职。

所以说，销售经理要从考核制度上激发人才。对于销售人员，如果没有考核，不仅不能激发他们的潜能，甚至会导致他们失去工作的热情。因为考核制度对于勤奋、有上进心的销售人员来说，是一种保护措施，它能将自己与懒散的销售人员区分开，使自己在考核上取得好成绩，从而为晋升做好铺垫。如果一家公司没有好的考核制度，那么平庸的销售人员会越来越平庸，有能力的销售人员也会日渐平庸，最后公司只剩下一堆没有能力的庸才，更别提增强销售人员的狼性、培养出适合狼性销售团队的人才了。

一手抓机制，一手抓文化

销售团队的管控有两大核心，这也是能否带好销售团队的关键。

1. 机制漏洞，不可不补

第一个核心是机制。机制是非常关键的一个点，公司的机制如果是合理的，销售团队就可以具备狼性，销售人员就会立即动起来，冲锋陷阵。

曾经有一家公司的销售团队快坚持不下去了，公司老总请我去做咨询。但是我观察后发现，要拯救这家公司，并不需要做太多的工作。我将他们的行业情况打听清楚，了解基本情况，然后对这家公司员工进行了询问，就弄清了问题所在——其实这家公司就是机制存在漏洞。只要制定新的公司机制，这个公司就可以重新获得活力了。所以说，机制是一家公司成长的核心之一。

2. 有文化才是硬道理

第二个核心是销售团队的文化。销售团队的文化打造得好不好，直接影响了团队成员的积极性。文化是销售经理带领销售团队不可忽视的一个方面，与机制相比，更为重要。而一家公司进行管理的手法是否足够厉害，则是销售团队文化的关键。

我特别强调文化是有原因的。有些公司的底薪非常少，但是他们的销售人员还是疯狂地工作，这是为什么？其实，这就是文化的力量。销售团队的管理，一靠机制，二靠文化，但最重要的还是要靠文化的力量。

文化从哪来？公司的文化是谁的文化？

可能很多人认为公司文化就是领导者文化，而我认为在一家公司的文化中，领导者的文化占 50% 以上，中层管理者的文化占 30%，老员工和一线员工的文化占 5%，其他的占 15%。企业领导者的个人文化很重要，因为任何一家公司的机制、用人、制度、决策等，都以领导者的意志为主导。在大多数公司，大的决策还是由最高领导者作出，但是中间很多小问题是由中层管理者负责。也就是说，一家公司的文化，是各级领导人文化的一种叠加。所以，如果公司文化有问题，中层管理者不要一脚把皮球全都踢给最高领导者，把全部责任都推到最高领导者身上，其实自己也有责任。一个团队的文化，既浓缩了老板的文化，同时也反射了中层管理者文化。

在一个部门或团队中，往往是部门负责人的文化起主导作用。不管是部门负责人的处世风格、人格品质、从业精神、工作状态，还是个人的拼搏斗志以及事业梦想，都会感染下属，影响下属。

如何更好地运用文化呢？销售经理可以从以下三方面入手。

（1）发挥员工主观能动性

如果一家公司只强调机制，而不强调文化，就会造成员工没有主观能动性。

一家公司每天给员工 100 个客户名单，要求他们按照公司制定的一套标准话术打电话。这个销售人员就会把电话拿起来，“喂，你是 ×× 公司的王先生吗？我是 ×× 公司的小刘，我们最近推出这样一个新产品……不需要吗？好的，再见。”“咔”的一声，挂了。

这样只会出现一个结果：这个销售人员打了 100 通电话，

也不能拿到一个订单。为什么呢？因为他只会按照套路进行，而缺乏自己的判断力，不能及时应变。

一个优秀的销售人员，不一定要开门见山地和客户谈产品，可以先征询客户是否方便接电话，接着问候客户，表明来意后，要先听听客户的需求，针对客户的需求提出产品的卖点，抓住客户的心。

如果你是一个从事保险销售的业务人员，当对方说不需要时，可以随机应变："先生，保险都是在你不需要的时候购买的，等你真正需要的时候就来不及啦！"这样的应对，可以活跃气氛，也可以使得客户进行再次思考，有很多客户就会觉得："他这么说也对，我确实应该未雨绸缪，做好万全准备。"他就会考虑是否要购买，而非开始时的一味排斥。

所以说，销售人员要发挥主观能动性，挖掘客户的购买心理，而销售人员的主观能动性需要用企业文化来进行培养。

如果公司的文化过于死板、严格，

臧老师语录：

销售团队靠机制只能维持现状或防止万一，只有通过良好的文化才能挖掘潜能，创造佳绩！

就会限制员工的想象力，不能让其发挥出最大的能力。公司应该适时制造轻松愉悦的气氛，放松员工心情，刺激工作积极性，激发潜能，使员工全力以赴，创造团队佳绩。

（2）精神高于物质

曾经有人问过我，到底应该怎样激励销售团队，是用物质激励比较好，还是用精神激励比较好。其实这很简单：物质激励要有，但绝对不要把它放在第一位。我一直秉持一个理念：若你有十分资源，要用两分作为物质奖励，八分作为精神激励。

很多销售公司走了弯路，将物质激励放到一个很高的高度，最后导致资金紧缺，将自己逼入了死胡同。所以说，千万不能将物质激励提得太高，提得越高公司会死得越惨。

很多人会说："我们公司从来没有精神激励，也没什么异样啊，发展还挺快。"一家公司若是短期内使用物质激励，确实会使公司快速发展，达到刺激员工的目的。但是长此以往，就会使得公司内部缺乏精神力量，公司就会没有发展目标，从而迷失发展方向。

有人认为，对于狼性销售团队应该物质激励高于精神激励。但我要说，如果一个团队缺乏精神力量，那么这个团队确实是一窝狼，但是只能是豺狼，而不是真狼。豺狼只会向"钱"看，完全没有目标，没有方向性，最后也只能横冲直撞，死在"战场”上，只有真狼才能傲视群雄，成为最终的赢家。

一家缺乏精神激励的公司，其员工就没有忠诚度，没有归心，没有向心力。每个人都只看着奖金、红包等物质激励，他们的眼里看到的都是“钱、钱、钱”。人的贪欲是没有限度的，上至耄耋老人，下到垂髫小孩，内心都是存在贪念的，无止境的贪念只会成为一个人头上的利剑，随时可能将人毁灭。所以说，物质激励要有限度，要重视精神激励的力量。

领导阶层要打造公司文化，善用精神激励。适当的赞美、鼓励，可以让员工从繁重的工作中得到安慰，重新树立目标，重拾前进的动力。

（3）带人要带心

一个人的领导力是高还是低，关键要看他能否把销售团队带好。

“打造团队文化”这个口号其实非常虚无，因为文化看不到也摸不着，但是一个真正的领导者，必须能够把虚无的文化打造成团队精神，必须在氛围的营造上有很高的造诣，能够为团队制造一种积极向上的氛围，必须能够抓住员工的心。这是销售经理具备领导力的一个标志。

团队的气氛非常重要，如果整天处于压抑的氛围中，会导致员工工作僵化、机械化。

制造手机贴膜的原理很简单，就是两根很粗的钢往中间撞，操作人员将塑料片往里放，一压，就可以完成一片手机贴膜。

我去参观手机贴膜生产厂家的时候，看到一个女员工在操作机器，她坐在座位上，眼神恍惚，仿佛睡着了一样，机械地伸出手，把塑料片往里放。

我问她："你这样做太危险了。精神不集中怎么能上岗呢？"

她摆摆手："这个工作太乏味了，工作环境很枯燥，我怎么可能做到时时聚焦呢？"

后来我对这件事进行思考，这个员工对于工作已经麻木了，其实不仅仅是她自身的原因，团队也有问题。一个团队，如果工作环境枯燥，销售经理就要制造良好的工作氛围，让员工提高积极性。如果置之不理，就有可能造成其他员工和这个女员工一样，麻木地工作，最终可能危及自己，也危及团队。

我从事保险销售时，曾经很消极。每天晨会一开完，我就冲出去，但是完全没有认真工作，而是跑到麦当劳，一坐就是一整天。回到公司后，我就握着经理的手说："经理呀，我今天拜访了13家公司，没有一家买的！"经理还安慰我："没事，继续努力，再接再厉。"我口头上答应得很好，但是依然不努力工作。最后，我的业绩非常低，拿到的工资也相当少，自己后悔莫及。后来经理和我促膝长谈，他认为我是一个销售的好苗子，如果能够全力以赴地工作，肯定能干一番大事业。经理的鼓励给了我努力的方向，我也有了工作的动力，最终我成了保险销售的精英。

所以说，带销售团队一定要带心。不带心的团队，就像一个销售经理带着一群行尸走肉，消极地工作，最终导致销售团队在市场中被淹没、淘汰。

效能型销售团队更要注意这一点。效能型销售团队外派人员很多，在外的销售人员每天干什么活，销售经理很难掌握。对于在外工作的销售人员，销售经理就要把他的心搞定，才能够使他自觉地工作，否则他每天都会浪费时间。

总而言之，销售经理要善于运用机制，并且打造文化，抓住销售人员的心，打造团队凝聚力和向心力，发展团队，取得最终的成功。